Weitere Werke im Bereich Sozialwesen

Betriebliche Sozialarbeit
ISBN 3-8029-7444-1

Öffentliche Jugendhilfe
ISBN 3-8029-7452-2

**Jugendhilfe in Strafverfahren/
Jugendgerichtshilfe**
ISBN 3-8029-7445-X

**Praxis Sozialer Arbeit:
Familie im Mittelpunkt**
ISBN 3-8029-7465-4

**Existenzgründung in der
Sozialen Arbeit**
ISBN 3-8029-7428-X

**Betriebswirtschaft für Sozial-
arbeiter und Sozialpädagogen**
ISBN 3-8029-7431-X

Wir freuen uns über Ihr Interesse an diesem Buch. Gerne stellen wir Ihnen kostenlos zusätzliche Informationen zu diesem Programmsegment zur Verfügung.

Bitte sprechen Sie uns an:

E-Mail: walhalla@walhalla.de
http://www.walhalla.de

Walhalla Fachverlag · Haus an der Eisernen Brücke · 93042 Regensburg
Telefon (09 41) 5 68 40 · Telefax (09 41) 56 84 111

Marianne Breithaupt

INTEGRIERTE PRÜFUNG:

RECHT IN DER

SOZIALEN ARBEIT

Fälle und Lösungen

Die Deutsche Bibliothek – CIP-Einheitsaufnahme

Breithaupt, Marianne:
Integrierte Prüfung: Recht in der Sozialen Arbeit : Fälle und Lösungen / Marianne Breithaupt. –
Regensburg ; Berlin : Walhalla-Fachverl., 2002
ISBN 3-8029-7457-3

Zitiervorschlag:
M. Breithaupt, Integrierte Prüfung: Recht in der Sozialen Arbeit
Regensburg, Berlin 2002

Hinweis
Umstellung DM/Euro: Soweit möglich, sind die Geldbeträge bereits in Euro-Werte umgerechnet (DM-Betrag dividiert durch 1,95583 mit anschließender Auf-/Abrundung).

© Walhalla u. Praetoria Verlag GmbH & Co. KG, Regensburg/Berlin
Alle Rechte, insbesondere das Recht der Vervielfältigung und Verbreitung
sowie der Übersetzung, vorbehalten. Kein Teil des Werkes darf in irgendeiner Form
(durch Fotokopie, Datenübertragung oder ein anderes Verfahren) ohne schriftliche
Genehmigung des Verlages reproduziert oder unter Verwendung elektronischer
Systeme gespeichert, verarbeitet, vervielfältigt oder verbreitet werden.
Produktion: Walhalla Fachverlag, 93042 Regensburg
Umschlaggestaltung: Gruber & König, Augsburg
Druck und Bindung: Westermann Druck Zwickau GmbH
Printed in Germany
ISBN 3-8029-7457-3

Nutzen Sie das Inhaltsmenü:
Die Schnellübersicht führt Sie zu Ihrem Thema.
Die Kapitelüberschriften führen Sie zur Lösung.

Schnellübersicht

Vorwort

Dieses Buch beruht auf Lehrveranstaltungen und Prüfungen im Fachbereich Sozialwesen an der Fachhochschule Landshut, insbesondere auf den Seminaren Fallbearbeitung Recht und Fallstudien Recht und Pädagogik. Ziel des Seminars Fallbearbeitung Recht war die Vernetzung verschiedener Rechtsgebiete, Ziel des Seminars Fallstudien die Vernetzung von Pädagogik und Recht.

Eine Idee der Seminare war, vernetztes Denken nicht nur von den Studierenden zu fordern, sondern zu zeigen. Deshalb wurden beide Seminare im Teamteaching durchgeführt. Ich danke den MitdozentInnen in Fallbearbeitung Recht, Günther Biermeier, Vizepräsident des Sozialgerichts, Jürgen Hild, Leitender Regierungsdirektor, Susanne Sigl, Rechtsanwältin, und dem Mitdozenten in Fallstudien, Prof. Dr. Egon Buchberger für die gemeinsame Arbeit.

Die Mitwirkung von Prof. Dr. Buchberger erlaubte die vorgestellten integrierten Prüfungen von Recht und Pädagogik. Diese Form der Prüfung von zwei Bezugswissenschaften der Sozialen Arbeit war neu an der Fachhochschule Landshut und wird auch an anderen Fachhochschulen erst erprobt. Sie dürfte aber die künftige Prüfungsform sein, denn das Studium der Sozialen Arbeit soll sich zum Studium der Sozialarbeitswissenschaft wandeln. Dies wird zu anderen Prüfungen der Bezugswissenschaften der Sozialen Arbeit führen, auch der Bezugswissenschaft Recht. Die „reine" Rechtsprüfung wird es nicht mehr geben.

Zwischen Lehrveranstaltung und Prüfungsstellung auf der einen Seite und Veröffentlichung auf der anderen Seite liegt eine Hürde. Ich danke Eva-Maria Steckenleiter und dem Walhalla Verlag für die Ermunterung und Hilfe, diese Hürde zu überwinden.

Marianne Breithaupt

Fit für die Prüfung

Lehre und Studium sollen die Studierenden der Studiengänge Soziale Arbeit oder Sozialpädagogik auf ihr berufliches Tätigkeitsfeld vorbereiten und ihnen die dafür erforderlichen fachlichen Kenntnisse, Fähigkeiten und Methoden so vermitteln, dass sie zu wissenschaftlicher Arbeit und zu verantwortlichem Handeln befähigt werden.[1] Wie stellt die Hochschule fest, ob die Studierenden die Kenntnisse, Fähigkeiten und Methoden beherrschen, die sie für ihr berufliches Tätigkeitsfeld brauchen? Zum Beispiel durch Prüfungen. Sie dienen der Feststellung, ob die Studierenden bei Beurteilung ihrer individuellen Leistung das Ziel des Studienabschnitts oder des Studiums erreicht haben.[2]

Prüfungen sind unangenehm. Weil viele Menschen, die Soziale Arbeit oder Sozialpädagogik studieren, dem Recht gegenüber misstrauisch sind, sind ihnen Prüfungen in Recht besonders unangenehm. Es gibt so etwas wie eine natürliche Feindschaft zwischen SozialarbeiterInnen und JuristInnen. SozialarbeiterInnen sind oft überzeugt, ohne Recht und Gesetz zu bessern, den Problemen angemesseneren Lösungen zu kommen als JuristInnen. Sie mögen Recht nicht oder sie mögen es wie den Gegner beim Schachspiel. Ihr Ziel ist es, Recht schachmatt zu setzen.

Trotz einer solchen inneren Haltung gegenüber Recht führt kein Weg daran vorbei, dass Recht während des Studiums abgeprüft wird, und zwar je nach Gestaltung der Studienordnung in Form der

- isolierten Prüfung einzelner Rechtsgebiete

- integrierten Prüfung mehrerer Rechtsgebiete

- integrierten Prüfung einzelner Rechtsgebiete und anderer Fächer

Ziel des Studiums der Sozialen Arbeit ist es, soziale Probleme zu sehen, ihre Ursachen und Bedingungen zu erkennen und Lösungen zu finden. Soziale Probleme gibt es in jeder Gesellschaft, gleich wie sie

---

[1] Art. 71 Abs. 1 Bay. Hochschulgesetz
[2] Art. 80 Abs. 2 Bay. Hochschulgesetz

gestaltet ist. Ebenso ist jede Gesellschaft, unabhängig von ihrer Gestaltung, geprägt von strukturellen, rechtlichen und materiellen Vorgaben und Zielen. Wer professionell Soziale Arbeit leisten will, sollte sie kennen. Auch wenn sich Sozialarbeitswissenschaft als Menschenrechts- und Menschenwürdewissenschaft begreift, kann allein aus dem Streben nach Verwirklichung von Menschen-, Grund- und Persönlichkeitsrechten Soziale Arbeit nicht abgeleitet, können allein damit soziale Probleme nicht gelöst werden.

Die Rolle des Rechts in der Sozialen Arbeit zeigt, dass das Ziel der Ausbildung nicht ist, aus SozialarbeiterInnen JuristInnen zu machen, auch keine FachjuristInnen für Rechtsprobleme von Menschen, die aus unterschiedlichen Gründen der von der Gesellschaft erwarteten Anpassung an Erwartungen, Normen und Regeln nicht entsprechen. Aber SozialarbeiterInnen sollen am Ende ihres Studiums die Grundlagen des Rechts so weit beherrschen, dass sie in der Lage sind, die Rechtskonformität von fremdem und eigenem Verhalten, von fremden und eigenen Planungen, Konzepten und Entscheidungen einzuschätzen. Ziel ist dabei nicht, sozialarbeiterische Problemlösungskompetenz durch strenge Bindung an rechtlichen Vorgaben und Bedingungen einzuschränken. Aber Recht existiert einfach als Maßstab und Grenze, die einerseits schützen, andererseits zwicken. SozialarbeiterInnen sollen einschätzen können, ob sich ihre Klientel oder sie selbst noch oder nicht mehr auf dem Boden der üblichen Rechtsanwendung bewegen.

Vor das Ende des Studiums schiebt sich das Ende des Grundstudiums. Die meisten Studienordnungen für Soziale Arbeit und Sozialpädagogik der Fachhochschulen erachten als rechtliche Grundlagen der Sozialen Arbeit im Grundstudium jedenfalls Grundlagen des Verwaltungsrechts, Sozialrechts, Ehe- und Familienrechts, Kinder- und Jugendhilferechts und Strafrechts sowie der Rechtsanwendungstechnik als unverzichtbar. Daran orientiert sich dieses Buch.

Ein Bereich der Rechtsanwendungstechnik ist die Bearbeitung eines einzelnen Falles. Da die meisten Leistungsnachweise und Prüfungen über Recht in der Sozialen Arbeit Fallbearbeitungen sind, versteht sich dieses Buch über Fallbearbeitung als Hilfe zur Vorbereitung auf Prüfungen.

Abkürzungen

a. F.	alte Fassung
BAföG	Bundesausbildungsförderungsgesetz
BGB	Bürgerliches Gesetzbuch
BGBl.	Bundesgesetzblatt
BSHG	Bundessozialhilfegesetz
DüTa	Düsseldorfer Tabelle
EinglVO	Eingliederungsverordnung
FamRZ	Zeitschrift für das gesamte Familienrecht
FGG	Gesetz über die Angelegenheiten der Freiwilligen Gerichtsbarkeit
FH	Fachhochschule
JA	Jugendamt
JGG	Jugendgerichtsgesetz
KJHG	Kinder- und Jugendhilfegesetz
Palandt	Kommentar zum BGB
SchKG	Schwangerschaftskonfliktgesetz
SGB	Sozialgesetzbuch
SGG	Sozialgerichtsgesetz
StGB	Strafgesetzbuch
StPO	Strafprozessordnung
UVG	Unterhaltsvorschussgesetz
VwGO	Verwaltungsgerichtsordnung
VwVfG	Verwaltungsverfahrensgesetz
ZPO	Zivilprozessordnung

www.walhalla.de

Erwartungen an Prüflinge

1

Prüfungen dienen der Feststellung, ob die Studierenden das Ziel des Studienabschnitts oder des Studiums erreicht haben. Rechtsprüfungen finden sowohl nach dem Grundstudium als auch nach dem Hauptstudium statt. Dieses Buch orientiert sich in erster Linie an den Prüfungen im Grundstudium. Ziel des Grundstudiums ist der Erwerb von Grundkenntnissen des Rechtswesens, des Verwaltungsrechts, des Sozialrechts, des Ehe- und Familienrechts, des Kinder- und Jugendhilferechts und des Strafrechts sowie der Fallbearbeitung.

1. Rechtskenntnis

Von den Studierenden wird Rechtskenntnis erwartet. Wissen wird eher selten ausdrücklich und isoliert abgeprüft und wenn, dann in Leistungsnachweisen.

1.1 Wissensabfragen

Aufgabe 1: Bewährungshilfe[3]

Bearbeitungszeit:	eine Stunde
Hilfsmittel:	Gesetzessammlung

1. Erklären Sie die gesetzlichen Voraussetzungen für eine Strafaussetzung zur Bewährung.

2. Was ist Strafaussetzung zur Bewährung?

3. Wann muss die Bewährung mit der Unterstellung unter die Bewährungshilfe verbunden werden?

4. Welche Aufgaben haben BewährungshelferInnen?

5. Welche sozialpädagogischen Gesichtspunkte sprechen für die Unterstellung unter die Bewährungshilfe?

Antworten Sie bitte unter Nennung der einschlägigen Paragraphen des StGB und JGG.

---

[3] Leistungsnachweis WS 1997/98 FH Landshut

Lösung:

1. Voraussetzungen für Strafaussetzung zur Bewährung im Regelstrafrecht gemäß § 56 StGB:

   ■ Bei Verurteilung zu Freiheitsstrafe von nicht mehr als einem Jahr: eine gute Sozialprognose, d. h. die Erwartung, dass der Verurteilte sich schon die Verurteilung zur Warnung dienen lässt und künftig auch ohne Einwirkung des Strafvollzugs keine Straftaten mehr begehen wird.

   ■ Bei Verurteilung zu Freiheitsstrafe bis zu zwei Jahren: eine sehr gute Sozialprognose. Nach der Gesamtwürdigung von Tat und Persönlichkeit des Verurteilten müssen besondere Umstände für die Strafaussetzung zur Bewährung sprechen. Ein Gesichtspunkt ist das Bemühen des Verurteilten, den durch die Tat verursachten Schaden wieder gutzumachen.

   Voraussetzungen für Strafaussetzung zur Bewährung im Jugendstrafrecht gemäß § 21 JGG:

   ■ Bei Verurteilung zu Jugendstrafe von nicht mehr als einem Jahr eine ausgezeichnete Sozialprognose, d. h. die Erwartung, dass der Jugendliche sich schon die Verurteilung zur Warnung dienen lässt und auch ohne Einwirkung des Strafvollzuges unter erzieherischer Einwirkung einen rechtschaffenen Lebenswandel führen wird. Gesichtspunkte sind die Persönlichkeit des Jugendlichen, sein Vorleben, die Umstände seiner Tat, sein Verhalten nach der Tat, seine Lebensverhältnisse und die Wirkungen, die von der Aussetzung der Vollstreckung für ihn zu erwarten sind.

   ■ Bei Verurteilung zu Jugendstrafe bis zu zwei Jahren: die gleiche ausgezeichnete Sozialprognose und eine günstige Entwicklungsprognose. Die Vollstreckung darf nicht im Hinblick auf die Entwicklung des Jugendlichen geboten sein.

2. Definition der Strafaussetzung zur Bewährung

   Strafaussetzung zur Bewährung ist ambulanter Strafvollzug. Die Bewährungszeit ist in der Regel länger als die Zeit der verhängten

Freiheitsstrafe. Im Regelstrafrecht darf sie fünf Jahre nicht überschreiten und zwei Jahre nicht unterschreiten, § 56a StGB. Im Jugendstrafrecht darf sie drei Jahre nicht überschreiten und zwei Jahre nicht unterschreiten, § 22 JGG. Sie kann allerdings nachträglich auf ein Jahr verkürzt oder auf vier Jahre verlängert werden, § 22 Abs. 2 JGG.

Soweit keine Bewährungshilfe angeordnet ist, überwacht das Gericht allein die Verurteilten während der Bewährungszeit. Bei Anordnung von Bewährungshilfe bedient sich das Gericht der Hilfe der BewährungshelferInnen zur Überwachung der Verurteilten.

3. Unterstellung unter die Bewährungshilfe

- Im Regelstrafrecht unterstellt das Gericht Verurteilte der Aufsicht und Leitung eines/r BewährungshelferIn, wenn dies angezeigt ist, um ihn von Straftaten abzuhalten, § 56 StGB. Die Notwendigkeit für die Bestellung von BewährungshelferInnen wird vermutet, wenn Verurteilte noch nicht 27 Jahre alt sind und zu einer Freiheitsstrafe von mehr als neun Monaten verurteilt wurden, § 56d Abs. 2 StGB.

- Im Jugendstrafrecht unterstellt das Gericht Jugendliche immer der Aufsicht und Leitung von BewährungshelferInnen, allerdings höchstens für zwei Jahre, § 24 Abs. 1 JGG. Das Höchstmaß von zwei Jahren kann gemäß § 24 Abs. 2 JGG überschritten werden.

4. Aufgaben der BewährungshelferInnen

- Im Regelstrafrecht stehen die BewährungshelferInnen den Verurteilten helfend und betreuend zur Seite, überwachen im Einvernehmen mit dem Gericht die Erfüllung der Auflagen und Weisungen sowie der Anerbieten und Zusagen, berichten dem Gericht über die Lebensführung der Verurteilten in den Zeitabständen, die das Gericht bestimmt, und teilen gröbliche und beharrliche Verstöße gegen Auflagen, Weisungen, Anerbieten und Zusagen dem Gericht mit, § 56d Abs. 3 StGB.

- Im Jugendstrafrecht haben BewährungshelferInnen die gleichen Aufgaben, §§ 24, 25 JGG. Zusätzlich haben sie die Erziehung des Jugendlichen zu fördern und möglichst mit den Erziehungsberechtigten und gesetzlichen Vertretern der Jugendlichen vertrauensvoll zusammenzuwirken, § 24 Abs. 3 JGG. Zur Erfüllung ihrer zusätzlichen Aufgabe haben sie das Recht auf Zutritt zu den Jugendlichen und können von Erziehungsberechtigten, gesetzlichen Vertretern, Schule und Auszubildenden Auskunft über die Lebensführung der Jugendlichen verlangen, § 24 Abs. 3 JGG.

Sowohl im Regelstrafrecht als auch im Jugendstrafrecht können weitere Aufgaben dazukommen, denn das Gericht kann den BewährungshelferInnen für ihre Tätigkeit Anweisungen erteilen, §§ 56d Abs. 4 StGB, 25 JGG.

5. Für die Beantwortung der sozialpädagogischen Frage mache ich hier keinen Vorschlag. Überlegen Sie selbst.

Ein weiterer klassischer Wissenstest sind Fragen nach den formlosen und förmlichen Rechtsbehelfen und Rechtsmitteln. Hier ein Beispiel:

Aufgabe 2: Ablehnung von Sozialhilfe

Bearbeitungszeit:	60 Minuten
Hilfsmittel:	Gesetzessammlung

Das Sozialamt hat den Antrag des Obdachlosen X auf Hilfe zum Lebensunterhalt abgelehnt. Was kann X dagegen tun?

Lösung:

- Die laufende Hilfe zum Lebensunterhalt ist im BSHG geregelt.

- Das BSHG ist nicht Bestandteil des SGB, aber es gilt als besonderer Teil des SGB I, Art. II, § 1 Nr. 15. Für das Verwaltungsverfahren gilt deshalb das SGB X.

- Die Ablehnung der Hilfe zum Lebensunterhalt ist ein Verwaltungsakt, § 31 SGB X. Für förmliche Rechtsbehelfe gegen Verwaltungsakte gelten das Sozialgerichtsgesetz oder die Verwaltungsgerichtsordnung, § 62 SGB X.

- Worüber die Sozialgerichte entscheiden, ergibt sich aus § 51 SGG. Genannt sind öffentlich-rechtliche Streitigkeiten in Angelegenheiten der Sozialversicherung, der Arbeitslosenversicherung und der übrigen Aufgaben der Bundesanstalt für Arbeit sowie der Kriegsopferversorgung, Krankenversicherung und Pflegeversicherung. Sozialhilfe gehört nicht dazu.

  Sozialgerichte entscheiden zudem über Streitigkeiten, die ihnen durch Gesetz zugewiesen sind.

  Das BSHG sieht den Rechtsweg zu den Sozialgerichten nicht vor.

  Also ist gegen Sozialhilfebescheide der Verwaltungsrechtsweg gegeben. Es gilt die VwGO.

- Nach §§ 69 ff. VwGO ist vor der Erhebung der Klage das Widerspruchsverfahren durchzuführen. X muss also gegen den Ablehnungsbescheid innerhalb eines Monats nach Bekanntgabe Widerspruch einlegen. Ist der Ablehnungsbescheid nicht mit einer Rechtsbehelfsbelehrung versehen, § 36 SGB X, hat er ein Jahr Zeit für den Widerspruch, § 58 Abs. 2 VwGO.

- Den Widerspruch hat X bei dem Sozialamt einzulegen, das den Ablehnungsbescheid erlassen hat, § 70 VwGO. Das Sozialamt kann dem Widerspruch ganz oder teilweise abhelfen. So weit es nicht abhilft, erlässt die nächst höhere Behörde einen Widerspruchsbescheid mit Rechtsmittelbelehrung, § 73 VwGO.

- Dagegen kann X innerhalb eines Monats Klage beim Verwaltungsgericht erheben, § 74 VwGO.

- Widerspruch und Klage haben aufschiebende Wirkung, § 80 VwGO. Damit ist X nicht geholfen, denn er bekommt dennoch keine Hilfe zum Lebensunterhalt, solange dem Widerspruch nicht abgeholfen wird bzw. solange er die Klage nicht gewinnt. Er muss aber jetzt seinen Lebensunterhalt bestreiten. Er kann deshalb schon vor der Klageerhebung beantragen,

18

dass der Sozialhilfeträger im Wege der einstweiligen Anordnung verpflichtet wird, Hilfe zum Lebensunterhalt zu leisten, § 123 VwGO.

Ergebnis: X kann Widerspruch einlegen und Antrag auf Erlass einer einstweiligen Anordnung stellen.

1.2 Kenntnis der Arbeit mit Gesetzestexten

Zweck solcher Wissensabfragen ist, dass die Studierenden Gesetze suchen, lesen und so mit den Texten umgehen lernen. Eine Rechtsprüfung unterscheidet sich von anderen Prüfungen dadurch, dass es kein Schicksal ist, Dinge, die im Gesetz stehen, nicht zu wissen. Bei der Aufgabe 2 wussten z. B. die meisten, dass für Sozialhilfe die Verwaltungsgerichte zuständig sind. Wer es nicht wusste oder vergessen hatte, brauchte nicht krampfhaft nachzudenken, ob es ihm doch noch einfällt, oder trickreich versuchen, die Antwort von den NachbarInnen abzuschreiben. Er fand sie durch Benutzen der Gesetzestexte. Die Studierenden dürfen und müssen in die Prüfungen ihre Gesetzessammlungen mitnehmen. Die Besseren zeichnen sich durch gut präparierte Stichwortverzeichnisse aus. Wer nicht weiß, wo und wie etwas geregelt ist, kommt oft über das Stichwortverzeichnis seiner Gesetzessammlung auf den Lösungsweg.

Das heißt nicht, dass abrufbares Wissen überflüssig ist. So gut sind die Gesetze und Stichwortverzeichnisse nicht, dass sich bei systematischem Vorgehen alles finden lässt. Bei Aufgabe 2 fehlte z. B. bei einem Teil der Arbeiten der Antrag auf Erlass einer einstweiligen Anordnung. Wer nicht weiß, dass es diese Möglichkeit gibt, findet sie wohl nicht.

Außerdem wird die Kenntnis von Begriffen erwartet, die nicht im Gesetz stehen. Bei Aufgabe 1 mussten z. B. die Begriffe Sozialprognose und ambulanter Strafvollzug gekannt und erläutert werden. Aber dieser Mangel allein führt noch nicht zu einer Bewertung ohne Erfolg.

1.3 Kenntnis der Rechtsanwendung in der Praxis

Aus dem Gesetz erschließt sich zudem nicht ohne weiteres, wie die Rechtspraxis damit umgeht.

- Deshalb müssen sich die Studierenden die Regeln für die Auslegung von Gesetzen aneignen.

Ist der Inhalt einer Vorschrift bzw. ein darin enthaltener Begriff zweifelhaft, ist auszulegen:

1. nach dem Wortsinn (grammatische Auslegung)
2. nach dem Zusammenhang, in dem die Vorschrift steht (systematische Auslegung)
3. nach ihrer Entstehungsgeschichte und den Bedingungen für ihre Entstehung (historische Auslegung)
4. nach dem Zweck, den sie verfolgt, den Interessen, die sie ausgleichen soll (teleologische Auslegung)
5. nach ihrer Übereinstimmung mit den Werten der Verfassung (verfassungskonforme Auslegung)

- Deshalb müssen sich die Studierenden z. B. auch aneignen, wie Arbeitslosengeld, Sozialhilfe oder Unterhalt in der Praxis ermittelt und ausgerechnet werden.

Ein Teil der Studierenden rechnet nicht gerne. Er beruft sich darauf, dass SozialarbeiterInnen in ihrem Berufsleben weder Sozialhilfebescheide erlassen noch Unterhaltstitel erstellen werden. Dennoch werden an fast allen Fachhochschulen Sozialhilfe und Unterhalt abgeprüft, denn SozialarbeiterInnen sollten einschätzen lernen, ob Sozialhilfe oder Unterhalt zu Gunsten ihrer Klientel in Betracht kommt bzw. ob ihre Klientel angemessen bedient wurde.

1.4 Kenntnis des Rechtssystems

Auch das Rechtssystem muss gelernt werden, z. B.:

- die Rangfolge der Rechtsnormen im deutschen Recht

    Verfassung – einfaches formelles Gesetz – Rechtsverordnung – Satzung

■ Rangregeln
   – die höherrangige Norm geht der niederrangigen vor
   – Bundesrecht bricht Landesrecht
   – Recht der Europäischen Union bricht deutsches Recht
   – die speziellere Norm verdrängt die allgemeinere
   – die neuere Norm verdrängt die ältere
■ die Aufteilung der Gerichtsbarkeit
   Ordentliche Gerichte, Arbeits-, Verwaltungs-, Sozial- und Finanzgerichte und das Bundespatentgericht
■ der Aufbau der einzelnen Gerichtszweige

2. Umsetzung der Rechtskenntnis auf eine Rechtsfrage

Bereits nach dem Grundstudium wird von den Studierenden die Fähigkeit erwartet, ihre Rechtskenntnis so umsetzen zu können, dass sie spezielle Rechtsfragen lösen und Fälle bearbeiten können. Eine Voraussetzung hierfür ist die Fähigkeit zur Subsumtion: Ein Lebenssachverhalt muss einem Gesetz zugeordnet werden. Hier ein Übungsfall:

2.1 Subsumtion

Aufgabe 3: Eintritt in den Mietvertrag[4]

Frau S, geboren 1920, hat im Mai 1968 einen Mietvertrag mit der Vermieterin V über eine 4-Zimmer-Wohnung in X-Stadt geschlossen. 1976 zieht Herr M, geboren 1949, in die Wohnung von Frau S.

Die beiden leben bis zum Tod von S im Dezember 2000 in dieser Wohnung zusammen. Nach dem Tod findet sich kein Testament von S. Gesetzliche Erben sind zwei Nichten. Sie leben in Australien und haben kein Interesse an der Wohnung. V will aus der Wohnung zwei Wohnungen machen und zu einem höheren Mietzins neu vermieten. Die Nichten der S beenden im Einvernehmen mit V das Mietverhältnis.

---

4   Arbeitshilfe FamRZ 90, 364 ff., FamRZ 90, 727 ff.

V verlangt daraufhin von M, die Wohnung zu räumen. M will nicht ausziehen und verlangt von V die Fortsetzung des Mietverhältnisses mit der Begründung, er habe mit Frau S in nichtehelicher Lebensgemeinschaft zusammengelebt und deshalb ein Recht, in den Mietvertrag einzutreten. Die Vermieterin lehnt ab.

Kann M in der Wohnung bleiben?

Lösung:

- M kann bleiben, wenn V ihm die Wohnung überlassen muss. Mietrecht ist geregelt in den §§ 535 ff. BGB.

  § 535 BGB und den Sachverhalt zusammenbringen: Durch den Mietvertrag wird der Vermieter (hier V) verpflichtet, dem Mieter (hier dem M) den Gebrauch an der vermieteten Sache (hier der Wohnung) während der Mietzeit zu gewähren.

  Hat M einen Mietvertrag mit V? Nein, der Mietvertrag bestand zwischen S und V.

  Ergebnis: V muss ihm die Wohnung nicht überlassen.

- M kann bleiben, wenn es zu einem Mietvertrag mit V kommt. Das geht, wenn er auch gegen den Willen von V in den Mietvertrag von S eintreten kann. Der Eintritt in das Mietverhältnis war bis zum 31.8.2001 in § 569a BGB a. f. geregelt, seit dem 1.9.2001 gilt § 563 BGB. Für die folgende Bearbeitung wird § 569a BGB a. f. verwendet, weil ich mit dieser Vorschrift später aufzeigen will, welche Folgen die Auslegung von Gesetzen haben kann.

§ 569a Abs. 1 Satz 1 BGB a. F.

In ein Mietverhältnis über Wohnraum, in dem der Mieter mit seinem Ehegatten den gemeinsamen Hausstand führt, tritt mit dem Tode des Mieters der Ehegatte ein.

  – § 569a Abs. 1 Satz 1 BGB und Sachverhalt zusammenbringen: In ein Mietverhältnis über Wohnraum, in dem der Mieter (hier S) mit seinem Ehegatten den gemeinsamen Hausstand führt, tritt mit dem Tode des Mieters der Ehegatte ein.

Ist M Ehegatte? Nein, M und S waren nicht miteinander verheiratet.

Ergebnis: M kann nicht als Ehegatte in den Mietvertrag der S mit V eintreten.

 **§ 569a Abs. 2 Satz 1 BGB a. F.**

Wird in dem Wohnraum ein gemeinsamer Hausstand mit einem oder mehreren anderen Familienangehörigen geführt, so treten diese mit dem Tode des Mieters in das Mietverhältnis ein.

– § 569a Abs. 2 Satz 1 BGB und Sachverhalt zusammenbringen: Wird in dem Wohnraum ein gemeinsamer Hausstand mit einem oder mehreren anderen Familienangehörigen geführt, so treten diese mit dem Tode des Mieters (hier der S) in das Mietverhältnis ein.

Ist M Familienangehöriger? Wo finden sich Regelungen über Familienangehörige? Familienangehörige sind Menschen, die miteinander verwandt oder verschwägert sind oder waren. Verwandtschaft und Schwägerschaft sind geregelt in den §§ 1589, 1590 BGB.

– § 1589 Satz 1 BGB und Sachverhalt zusammenbringen: Personen, deren eine von der anderen abstammt, sind in gerader Linie verwandt.

Stammt M von S ab? Nach Sachverhalt nicht. Also ist M mit S nicht in gerader Linie verwandt.

– § 1589 Satz 2 BGB und Sachverhalt zusammenbringen: Personen, die nicht in gerader Linie verwandt sind, aber von derselben dritten Person abstammen, sind in der Seitenlinie verwandt.

Stammen S und M von derselben dritten Person ab? Nach Sachverhalt nicht. Also ist M nicht mit S verwandt.

– § 1590 BGB: Die Verwandten eines Ehegatten sind mit dem anderen Ehegatten verschwägert. Nach Sachverhalt gibt es keine Ehe von S. Also kann M mit S nicht verschwägert sein.

Ergebnis: M ist kein Familienangehöriger der S. Er kann nicht in den Mietvertrag der S mit V eintreten.

§ 569a Abs. 6 Satz 1 BGB a. F.

Treten in ein Mietverhältnis über Wohnraum der Ehegatte oder andere Familienangehörige nicht ein, so wird es mit dem Erben fortgesetzt.

– § 569a Abs. 6 Satz 1 BGB und Sachverhalt zusammenbringen: Treten in ein Mietverhältnis über Wohnraum (hier zwischen S und V) der Ehegatte oder andere Familienangehörige nicht ein, so wird es mit dem Erben fortgesetzt.

Nach Sachverhalt ist M nicht Erbe der S.

Ergebnis: Das Gesetz sieht nicht vor, dass M in den Mietvertrag der S mit V eintreten kann. Das bedeutet, dass M ausziehen muss.[5]

Am Subsumieren führt kein Weg vorbei, weil die Diagnose die entscheidende Station jeder Fallbearbeitung ist. Hier unterscheidet sich die juristische Vorgehensweise nicht von der anderer Disziplinen. Ein Lebenssachverhalt wird an einem Maßstab gemessen. Ob eine Person zahlen muss oder Geld bekommt, wird an den Gesetzen und den Regeln ihrer Anwendung gemessen. Ist zu prüfen, ob eine Person krank ist, wird an den Erkenntnissen der Medizin gemessen usw.

2.2 Rechtsverständnis

Eine weitere Voraussetzung für die Fallarbeit ist ein Sinn für Zusammenhänge. Schon im Grundstudium wird erwartet, dass die Studierenden nicht nur wissen, wie sie zu einer rechtlichen Erkenntnis kommen, sondern dass sie – in Grenzen – auch den Hintergrund und die Wirkung von gesetzlichen Regelungen und Einzelfallentscheidungen sowie ihre Rolle bei der Rechtsanwendung sehen.

In der Vorstellung vieler StudienanfängerInnen verbindet sich Recht mit „richtig". Sie wünschen sich die „richtige" Lösung eines Falles und

---

[5] Rechte aus Besitz könnten weiter abgeprüft werden.

wären bereit, diese Lösung zu lernen und bei gleich oder ähnlich erscheinenden Fällen immer wieder zu reproduzieren. Dementsprechend enttäuscht sind sie, zu erleben, dass Recht etwas Gemachtes ist, nicht nur die Gesetze, die sich ständig ändern, sondern auch die Rechtsanwendung. Recht ist das, was die RechtsanwenderInnen daraus machen. Recht lebt durch Argumentation. SozialarbeiterInnen sind in vielen Arbeitsfeldern RechtsanwenderInnen. Die Verantwortung für ihre Entscheidungen nimmt ihnen niemand ab.

3. Zusammenhang mit der Sozialen Arbeit

Erwartet wird, dass die Studierenden Soziale Arbeit und Recht in Zusammenhang bringen. Da Soziale Arbeit in vielen Bereichen mit Beratung verbunden ist, als Beispiel dafür eine Beratungsaufgabe:

3.1 Beratung

Aufgabe 4: Aufdecken des Vaters [6]

Bearbeitungszeit:	60 Minuten
Hilfsmittel:	Gesetzessammlung

Das Standesamt L teilt dem Jugendamt X mit, dass am 30.05.01 das Kind Thomas in L geboren wurde, Mutter Melanie, 25 Jahre, nicht verheiratet, wohnhaft in X, Vater nicht bekannt.

Melanie erhielt vom Jugendamt ein Schreiben, in dem ihr Beratung und Unterstützung angeboten wurden. Melanie antwortet und bittet um einen Hausbesuch. Sie sind die für Thomas zuständige MitarbeiterIn im Jugendamt. Beim Hausbesuch erfahren Sie,

- dass der Vater von Thomas nichts von der Schwangerschaft und der Geburt des Kindes weiß. Melanie lebte mit dem Vater meh-

---

[6] Leistungsnachweis Kinder- und Jugendhilferecht, SS 2001

rere Jahre zusammen. Die Kosten des gemeinsamen Lebens teilten sie sich. Eine frühere Schwangerschaft brach sie ab, weil der Vater kein Kind wollte. Da sie dasselbe nicht noch einmal erleben wollte, verschwand sie, als sie merkte, dass sie mit Thomas schwanger war.

- dass Melanie bis zum Beginn des Mutterschutzes erwerbstätig war, monatliches Nettoeinkommen 1278,– EUR[7]. Nach Ablauf des Mutterschutzes möchte sie mindestens ein Jahr Erziehungsurlaub nehmen und keiner Erwerbsarbeit nachgehen. Melanies Eltern wollen weder für sie noch für Thomas Unterhalt leisten.

- dass Melanie mit dem Vater des Kindes nichts mehr zu tun haben möchte.

Sie ist sich aber nicht sicher, ob es besser ist, den Vater zu verschweigen oder aufzudecken.

Aufgabe:

Beraten Sie Melanie unter Beachtung der §§ 52a und 18 Abs. 2 SGB VIII (KJHG).

Lösung:

1. Bedeutung der Vaterschaftsfeststellung

- Für Thomas: Klärung der Abstammung des Kindes vom Vater – führt zur Verwandtschaft des Kindes mit dem Vater und den väterlichen Verwandten, § 1589 BGB. Verwandtschaft ist ein System von gegenseitigen Rechten und Pflichten, z.B. gesetzliches Erbrecht (§ 1924 BGB) und gesetzliche Unterhaltspflicht (§ 1601 BGB). Vater und väterliche Großeltern sind dem Kind gegenüber unterhaltspflichtig, später aber umgekehrt

---

[7] Umrechnung des DM-Betrages aus der Originalaufgabe in Höhe von 2500,– DM in Euro und eine anschließende Rundung ergeben diesen Wert.

auch das Kind ihnen gegenüber. Thomas bekommt die deutsche Staatsangehörigkeit seines Vaters.

- Für Sie: Der Vater ist Ihnen gegenüber unterhaltspflichtig nach § 1615 I BGB. Das heißt, Sie erhalten Unterhalt bis zum dritten Lebensjahr von Thomas, wenn Sie das Kind betreuen. Billigkeitsunterhalt auch länger.

2. Folgen des Schweigens:

- Das Kind ist vaterverwandtschaftslos. Sie müssen für den Unterhalt des Kindes selbst aufkommen, denn Sie sind die nächste Verwandte.

- Ihre Eltern sind nur dann für Thomas unterhaltspflichtig, wenn und so weit die vorrangigen Unterhaltspflichtigen (also der Vater) leistungsunfähig sind, § 1607 Abs. 1 BGB. Ihre Eltern müssen auch dann nur für den Anteil aufkommen, der sie im Verhältnis zu den väterlichen Großeltern trifft, § 1606 Abs. 3 BGB. Ihr Schweigen führt nicht zu einer Ersatzhaftung der Großeltern für den Vater.

- Die Unterhaltsvorschusskasse leistet nicht, wenn Sie den Vater verschweigen, § 1 Abs. 3 UVG.

- Sie müssen für Ihren eigenen Unterhalt jedenfalls in den nächsten drei Jahren selbst aufkommen. Die Unterhaltspflicht des Vaters geht der Ihrer Eltern und anderer Verwandter vor, § 1615 I Abs. 3 BGB. Ihr Schweigen führt nicht zur vorrangigen Unterhaltspflicht Ihrer Eltern.

- Auch die Sozialhilfe leistet nur nachrangig. Der Anspruch gegen den Vater geht dem auf Sozialhilfe vor. Soweit Sie den Unterhalt für sich und das Kind nicht selbst aufbringen können, wird die Sozialhilfe für das Kind zahlen. Dass Sozialhilfe auch für Sie gezahlt wird, ist nicht sicher.

- Das Kind wird nie Erbe nach dem Vater oder väterlichen Verwandten.

- Das Kind hat ein Recht auf Kenntnis der eigenen Abstammung. Es ist möglich, dass es früher oder später Auskunft über den Namen des Vaters verlangt, § 1618a BGB.

3. Sie nennen den Vater

- Der Vater wird unterhaltspflichtig. Ob er für das Kind und Sie bedarfsdeckenden Unterhalt zahlen muss, hängt davon ab, ob er leistungsfähig ist. Solange Sie mit dem Vater zusammenlebten, haben Sie sich beide die Kosten des gemeinsamen Lebens geteilt. Der Vater hat Sie nicht unterhalten. Die Gründe dafür sind nicht bekannt.

- Im späteren Leben kann Thomas gegenüber seinem Vater unterhaltspflichtig werden.

- Der Vater erhält mit der Vaterschaftsfeststellung nicht automatisch das gemeinsame Sorgerecht. Erforderlich ist dafür außerhalb von Ehen die Abgabe übereinstimmender Sorgeerklärungen von Mutter und Vater, § 1626a BGB. Die Abgabe kann nicht erzwungen werden. Es gibt keine gemeinsame Sorge gegen Ihren Willen.

- Der Vater wird Ersatzsorgeberechtigter, §§ 1678, 1680 BGB.

- Der Vater erhält das Umgangsrecht, § 1684 BGB.

- Die väterlichen Großeltern erhalten ein Umgangsrecht, § 1685 BGB.

- Den Vater trifft eine Umgangspflicht, § 1684 BGB.

- Thomas erhält ein Recht auf Umgang mit seinem Vater, § 1684 BGB.

- Ihre eigenen Eltern können sich ihrer Unterhaltspflicht nicht mehr allein unter Berufung auf den vorrangig zuständigen Vater entziehen.

- Sie bekommen Sozialhilfe für sich, soweit der Vater keinen Unterhalt leisten kann. Bis zum sechsten Lebensjahr des Kindes gibt es keinen Regress des Sozialamts bei Ihren Eltern, § 91 Abs. 1 BSHG.

4. Abwägung und Hilfen

Sie müssen abwägen, welche Folgen Sie lieber in Kauf nehmen. Zu berücksichtigen sind dabei die Interessen des Kindes.

Das Jugendamt hilft bei der Regelung der Angelegenheiten „Vaterschaftsfeststellung" und „Unterhalt".

- Sie erhalten auf Antrag Amtsbeistand für Vaterschaftsfeststellung und Unterhaltsregelung (§§ 1712 ff. BGB), weil sie alleinsorgeberechtigt sind. Wirkung: § 1716 BGB, doppelte Einzelvertretung: § 1630 Abs. 1 BGB, außer im Prozess: § 53a ZPO, beendbar: § 1715 BGB.

- Möglichkeiten der Vaterschaftsfeststellung sind:

  – Anerkennung

  – Falls der Vater nicht anerkennt, gerichtliche Feststellung

- Für die Geltendmachung eigenen Unterhalts nach § 1615 l BGB erhalten Sie Beratung und Unterstützung, § 18 Abs. 2 SGB VIII.

- Anerkennung und Unterhalt können vom Jugendamt beurkundet werden.

Wichtig: Beraten heißt nicht raten, sondern aufzeigen, welche rechtlichen Folgen das eine oder andere Verhalten haben wird.

Der Beratungszweck war nicht, Melanie davon zu überzeugen, den Kindsvater benennen zu müssen oder ihr gar Sanktionen im Falle ihres Schweigens anzudrohen. Das ist keine Beratung, das ist nicht einmal mehr ein Rat im Sinne von „Ich an Ihrer Stelle …" und verfehlt den Zweck des § 52a SGB VIII.

3.2 Vernetzung verschiedener Rechtsgebiete und Disziplinen

Soziale Arbeit versteht sich als Integrationsarbeit. Ausgehend von ihren Arbeitsfeldern genügt es nicht, einen Lebenssachverhalt, einen Fall nur auf ein Rechtsgebiet hin „abzuklopfen". SozialarbeiterInnen sind GeneralistInnen, vergleichbar Allgemein-MedizinerInnen. Sie müssen im Interesse ihrer Klientel komplexe (Rechts)probleme sehen.

Das heißt nicht, dass sie selbst für diese eine Lösung finden müssen. Aber sie sollten Problemkreise einordnen und an die entsprechenden Fachberatungen und SpezialistInnen verweisen können.

Die bisherigen Aufgaben waren nur Anwärmaufgaben. Komplexe Aufgaben werden nach der Einführung in die Technik der Fallbearbeitung behandelt.

Technik der Fallbearbeitung

2

1. Arbeitsweise

Fallbearbeitung bedeutet die Klärung eines Einzelfalles, -problems, -konflikts oder Streits. Die Regeln jeder Fallbearbeitung gelten auch für die Bearbeitung von Rechtsfällen. Die klassische Vorgehensweise bei Fallbearbeitung ist:

1. Anamnese	2. Diagnose	3. Intervention	4. Evaluation
Bedeutung wörtlich: Erinnerung	Bedeutung wörtlich: Erkenntnis	Bedeutung wörtlich: Dazwischenkommen	Bedeutung wörtlich: Bewerten
Gemeint: Vorgeschichte Beurteilung	Gemeint: Unterscheidende (fachliche) Beurteilung	Gemeint: Eingriff/Reaktion	Gemeint: Überprüfung

Die Bezeichnungen für die einzelnen Stationen der Fallbearbeitung sind nicht in allen Disziplinen gleich. Bei der Bearbeitung eines Rechtsfalles heißen sie in der Regel:

1. Sachverhalts-erfassung	2. Klärung der Rechtsfragen	3. Entscheidung	4. Billigkeits-prüfung

Die anderen Bezeichnungen bedeuten keine andere Arbeitsweise. Ein Teil der Probleme bei der Fallbearbeitung Recht resultiert aus der Vorstellung, JuristInnen würden anders arbeiten als andere Disziplinen. Aber die übliche Bearbeitung eines Falles unter rechtlichen Gesichtspunkten unterscheidet sich nicht von der Bearbeitung eines Falles unter pädagogischen, medizinischen oder psychologischen Gesichtspunkten. Um den Zugang zur juristischen Fallbearbeitung zu erleichtern, wird ihr die pädagogische Fallbearbeitung gegenübergestellt. Weil auch die alternative Konfliktlösung entsprechend vorgeht und diese zur Sozialen Arbeit gehört, enthält die folgende Tabelle auch die bei Mediation übliche Vorgehensweise.

	Juristisch	Pädagogisch[8]	Mediation	Sonstige außergerichtliche Konfliktlösung
1.	Sachverhaltsklärung/Erarbeitung des Tatbestandes	Anamnese/ Datenerhebung	Sammeln der Daten und Fakten des Konfliktes	Orientierung/ Ermittlung der Sichtweisen und Interessen
2.	Gutachtliche Klärung der Rechtsprobleme ■ Probleme benennen ■ Beurteilen ■ Lösungsmöglichkeiten aufzeigen	Diagnose ■ Probleme sehen ■ Beurteilen ■ Handlungsmöglichkeiten erarbeiten	Konfliktbearbeitung und Erarbeitung von Alternativen	Konflikterhellung
3.	Entscheidung	Intervention/ Eingriff	Verhandlung und Entscheidungsfindung	Problemlösung
4.	Billigkeitsprüfung	Evaluation	Nach Außenkontrolle: Verbindlichkeit der Vereinbarung	Abschluss der Vereinbarung in juristisch einwandfreier, verbindlicher Form

Aufgeschlüsselt ergibt sich folgendes Schema für die Fallbearbeitung Recht in der Sozialen Arbeit:

Juristische Fallbearbeitung in der Sozialen Arbeit

A. Sachverhalt erfassen (Anamnese)

1. Lebenssachverhalt ist
- in der Rechtswirklichkeit zu erarbeiten ⇒ Datenerhebung
- in der Prüfung vorgegeben ⇒ Aufgabentext

2. Bei der Sachverhaltserfassung strukturiert vorgehen
z. B. fragen:
Wer – will was – von wem – warum – wie – wann?

---

[8] Prof. Dr. Buchberger, FH Landshut

noch: Juristische Fallbearbeitung in der Sozialen Arbeit

3. Eigene Rolle – Funktion – Aufgabe

klären   erfassen

in der Lebenswirklichkeit   in der Prüfung

offen   vorgegeben   vorgegeben
Arbeitsanweisung in der Aufgabe

B. Rechtsfrage klären (Diagnose)

1. Rechtsfrage finden, Rechtsproblem benennen

In der Prüfung in der Regel vorgegeben z. B.:

- Hat der Mensch Anspruch auf
  - Unterhalt gegen
  - Sozialhilfe
  - Kindergartenplatz
  - Beratung
  - Arbeitslosengeld
  - Rehabilitationsleistung?
- Darf/muss das Kind von Mutter/Vater getrennt werden?
- Wurde das Ermessen fehlerfrei ausgeübt?
- Hat der Mensch sich strafbar gemacht?
- Ist das Gesetz verfassungswidrig?
- Ist die Kündigung wirksam?

2. Rechtliche Basis für die Aufgabe suchen

Wo könnte etwas über das Problem stehen? Phantasie entwickeln/ Stichwortregister benützen

- Entsprechend den Rechtsgebieten im Grundstudium, z. B. im BGB, SGB, BSHG, StGB
- in den Verfahrensordnungen FGG, JGG, SGG, StPO, VwGO, ZPO

3. Subsumieren, Problem beurteilen (Gutachten, aus welchen Normen könnte sich die gefragte Rechtsfolge ergeben)

- Zuerst die formellen Fragen/Zulässigkeit klären, z. B.:
  - Örtliche/sachliche Zuständigkeit
  - Rechtsschutzbedürfnis (z. B. Unterhaltsklage trotz möglicher Titelerstellung beim Jugendamt)

noch: Juristische Fallbearbeitung in der Sozialen Arbeit

- Persönliche Voraussetzungen (z. B. Alter/Alleinsorge)
- Einwilligung in die Weitergabe von Daten
- Selbstbetroffenheit (z. B. bei einer Verfassungsbeschwerde)
- Form
- Frist

■ Dann die materiellen Fragen/Begründetheit klären z. B.:
  - Anspruch auf Hilfe zur Erziehung, Unterhalt, Sozialhilfe
  - strafbares Unterlassen
  - Aussageverweigerung

4. Rechtsfrage beantworten, Lösungsmöglichkeiten aufzeigen

■ Der Mensch hat einen/keinen Anspruch auf Beratung, Unterhalt, Sozialhilfe, Löschung seiner Daten …

■ Der Mensch hat sich/hat sich nicht strafbar gemacht wegen …, darf die Aussage (nicht) verweigern

■ Das Kind ist von Mutter/Vater zu trennen

■ Der Umgang ist auszuschließen

■ Das Ermessen ist fehlerfrei ausgeübt worden

Wichtig: In den meisten Fällen gibt es nicht nur eine richtige Lösung!

■ Recht lebt durch Argumentation

■ Die Argumente kommen nicht nur aus den Gesetzen und der üblichen Rechtsanwendung, sondern auch aus dem Lebenssachverhalt oder anderen Disziplinen

■ Sozialpädagogik ist Teil der rechtlichen Argumentation, z. B.:
  - Familienrecht – Beendigung einer gemeinsamen Sorge
  - Kinder- und Jugendhilferecht – Gewährung/Ablehnung von Hilfe zur Erziehung
  - Strafrecht – Widerruf einer Bewährung

C. Entscheidung treffen (Intervention)

Sich auf eine der Lösungsmöglichkeiten festlegen und die Festlegung rechtlich begründen:

■ Antrag auf Sozialhilfe/Hilfe zur Erziehung stellen, weil

■ Verwaltungsakt erlassen/zurücknehmen, weil

■ Widerspruch/Rechtsmittel einlegen, weil

■ Klage erheben, weil

noch: Juristische Fallbearbeitung in der Sozialen Arbeit

- Schuldnerberatung/Schwangerschaftskonfliktberatung aufsuchen
- Kind aus der Familie entfernen

D. Billigkeitsprüfung (Evaluation)

1. Kontrolle der Entscheidung nach bestem Wissen und Gewissen
- Trägt die Unterhaltsverteilung der Situation der Beteiligten Rechnung?
- Ist es unter Abwägung aller Interessen vertretbar, dass dieser Mensch aus der Wohnung ausziehen muss?
- Ist es für das Kind wirklich hilfreich, dass es aus der Familie entfernt wird?
- Ist es menschenwürdig, diesem Menschen die Sozialhilfe zu kürzen?

2. Je nach Entscheidung
- korrigieren

  oder

- publizieren/veröffentlichen

Die einzelnen Prüfungsschritte werden an einem Beispiel und an der Fortsetzung der Aufgabe 3 demonstriert:

2. Lebenssachverhalt/Aufgabenstellung erfassen

Beispiel: Brief vom Vater[9]

Felizitas, 28 Jahre, deutsche Staatsangehörige, bekam am ... einen englischen Brief aus Südafrika von Nelson, dem Vater ihres Sohnes Fabian, 4 Jahre alt. Übersetzt schreibt Nelson:

„Ich komme am ... für einige Zeit nach Deutschland. Ich will Fabian am ... sehen und dann mit ihm und dir oder auch ohne dich ein paar Tage Urlaub machen. Ich habe ein Recht, Fabian zu sehen und mit ihm Ferien zu machen. Du kannst mir dieses Recht nicht nehmen und auch keine Polizei und kein Gericht."

Felizitas bleibt die Luft weg. Sie stürmt in die Familienberatungsstelle, in der Sie arbeiten und weint und schimpft:

---

[9] Leistungsnachweis SS 2001 FH Landshut

„Ich will Josef heiraten. Er hilft mir seit zwei Jahren. Josef will Fabian nach der Hochzeit adoptieren. Vor drei Jahren ist Nelson einfach verschwunden. Ich will nicht, dass Fabian Nelson sieht. Hin und wieder hat er eine Postkarte geschickt, Text entweder „Don't worry" oder „I'm missing you". Mehr nicht, nie eine Adresse von sich. Er ist abgehauen ohne einen Pfennig Geld dazulassen, er hat nie Geld geschickt. Ich will nicht, dass Fabian seinen Vater sieht. Josef ist Fabians Vater, auch wenn er keine schwarze Hautfarbe hat, weil er sich um das Kind kümmert. Wenn ich nur wüsste, wie lange Nelson hier ist. Dann könnte ich Fabian verstecken. Oder er fährt mit Josef in Urlaub. Nelson hat mich und Fabian einfach sitzen lassen. Er ist zu allem fähig. Was ist, wenn er dieses Mal mit dem Kind verschwindet? Er ist unberechenbar. Jetzt verschwinde ich mit den Kind. Dann sieht er, wie das ist. Aber er setzt sich immer durch. Kommt jetzt einfach nach Deutschland. Dafür hat er Geld. Ich will nicht, dass Fabian ihn kennen lernt. Nicht vor der Adoption. Davon soll Nelson gar nichts erfahren. Uns zahlt er nichts, aber das Kind will er sehen ... usw."

Aufgabe: Ordnen und strukturieren Sie den Sachverhalt.

2.1 Strukturierungshilfen

Es gibt viele Möglichkeiten einen Sachverhalt zu gliedern, z. B.

- nach Personen, etwa:
  - Ansprüche von A gegen ...
  - Situation von Mutter/Vater/Kind
- nach Problemkreisen, etwa:
  - Sorgerecht
  - Sozialhilfe
  - Wohnung
  - Hilfe zur Erziehung
  - Rehabilitation
- nach Vordringlichkeit:
  - Welches Problem bedrängt am meisten?
  - Drohender Widerruf der Bewährung

- Lebensunterhalt
- Wohnung
- Wo ist eine Frist zu wahren?

■ nach Vorgehensweise:
  - Welche Aufgaben werden selbst erledigt, welche Aufgaben an eine andere/zuständige Stelle/Spezialberatung verwiesen?
  - Was gehört zur Beratung (Familienberatung, Schuldnerberatung), was ist an die Rechtsberatung zu verweisen?

■ nach der historischen Abfolge (geeignet für Sachverhaltsdarstellung bei Abfassung von Berichten, aber auch sonst)
  - Abstammung vor Unterhalt
  - Ehe vor Scheidung
  - Trennung vor Scheidung

Es ist die Entscheidung der BearbeiterIn, wie der Sachverhalt geordnet wird. Hier werden zwei Möglichkeiten aufgezeigt.

2.2 Ordnen nach Personen

■ Situation von Felizitas:

  - Alleinsorgeberechtigte Mutter eines vierjährigen Kindes (vor vier Jahren, 1997 gab es noch keine Sorgeerklärungen)
  - Trennung vom Vater vor drei Jahren
  - Will Josef heiraten (es kam bisher zu keiner Ehe, obwohl sie schon zwei Jahre zusammenleben)
  - Stellt sich vor, dass die Stiefkindadoption ohne Kenntnis und Zustimmung von Nelson durchgeführt werden kann (wohl frühere Rechtslage im Kopf, als die Mutter ihr eigenes nichteheliches Kind adoptieren konnte)
  - Will Nelson den Umgang mit Fabian verweigern, weil er sich drei Jahre lang nicht gekümmert hat; hat Angst vor Entführung des Kindes durch Nelson
  - Plant selbst, Nelson das Kind zu entziehen

– Hat von Nelson weder für das Kind noch für sich Unterhalt erhalten. Kam nur dank der Hilfe von Josef über die Runden (Bezieht sie Unterhaltsvorschuss für Fabian?)

■ Situation von Fabian:

– Soll von Josef adoptiert werden. Dient dies seinem Wohl?

– Kennt seinen leiblichen Vater nicht. War ein Jahr alt, als der Vater verschwand. Soll ihn nach dem Willen seiner Mutter auch nicht kennen lernen. Was spricht für, was gegen einen Kontakt mit dem Vater?

– Vater zahlt keinen Unterhalt. Gibt es einen Unterhaltstitel? (Fabian müsste bis 1998 einen Amtspfleger für seine Unterhaltsangelegenheiten gehabt haben. Sie wurde in die Beistandschaft übergeleitet. Kümmert[e] sich der Amtspfleger/Beistand nicht? Falls Felizitas die Beistandschaft beendet hat, soll sie diese erneut beantragen?)

■ Situation von Josef:

– Lebensgefährte von Felizitas; nichteheliche Lebensgemeinschaft

– Ist sozialer Vater für Fabian

– Kam an Stelle von Nelson für Felizitas und Fabian auf

– Soll nach der Vorstellung von Felizitas die Mutter heiraten und das Kind adoptieren, ohne dass der leibliche Vater dies erfährt.

– Soll der Mutter helfen, den Umgang des Vaters mit Fabian zu verhindern

■ Situation von Nelson:

– Vater von Fabian, für fehlende Vaterschaftsanerkennung kein Anhaltspunkt

– Will Umgang mit seinem vierjährigen Sohn, den er nur als Baby erlebt hat

– Will Kontakt mit Felizitas

- Will Umgang verwirklichen, notfalls auch gegen eine Gerichtsentscheidung, die ihm diesen untersagt.
- Hat seit der Trennung keinen Unterhalt für Fabian und Felizitas bezahlt. Bietet auch keine Zahlungen an.
- Ist Ausländer

2.3 Ordnen nach Vordringlichkeit: Welches Problem ist zuerst zu lösen?

- Umgangsrecht Nelson ...

- Gefährdung des Kindeswohles von Fabian ...

- Kindesentziehung durch Felizitas ...

- Unterhalt von Nelson für Fabian für die letzten drei Jahre und für die Zukunft ...

- Unterhalt für Felizitas bis zum dritten Lebensjahr von Fabian ...

- Ehe Felizitas – Josef ...

- Adoption von Fabian durch Josef ...

Es ist keine Schikane, sondern wirklich wichtig, den Lebenssachverhalt bzw. den Sachverhalt zu erfassen, der in der Prüfungsaufgabe geschildert ist. Erst wenn klar ist, was beurteilt werden soll, macht es Sinn, sich mit den Rechtsproblemen zu befassen.

3. Rechtsfragen finden

Im Beispielsfall finden sich viele Rechtsfragen, die im Folgenden dargestellt werden.

Bereich Umgang

- Hat Nelson ein Recht auf Kontakt und Urlaub mit Fabian?

- Gibt das Umgangsrecht Nelson ein Recht auf Kontaktanbahnung?

■ Wie ist das Verschwinden von Nelson vor drei Jahren im Zusammenhang mit dem Umgang zu bewerten?

■ Kann weder Felizitas, noch ein Gericht oder die Polizei Nelson am Umgang hindern?

■ Darf Felizitas Nelson den Umgang verweigern?

■ Wann wird Umgang eingeschränkt oder ausgeschlossen?

■ Darf Felizitas das Kind verstecken, mit ihm verschwinden?

Bereich Unterhalt

■ Wie kommt Fabian zu seinem Unterhalt, falls ein Titel vorhanden ist?

■ Wie kommt Fabian zu seinem Unterhalt, falls kein Titel vorhanden ist?

■ Kann Felizitas von Nelson den Unterhalt für die Zeit vom ersten bis zum dritten Lebensjahr von Fabian verlangen, falls kein Titel vorhanden ist?

■ Kann Josef von Nelson Ausgleich für den Unterhalt erhalten, den er für Felizitas und Fabian an Stelle von Nelson geleistet hat?

Bereich Adoption

■ Als nächster Bereich könnte die Adoption behandelt werden. Welche Fragen stellen sich Ihnen?

Kann Fabian adoptiert werden ohne dessen Wissen?

Kann F. adoptiert werden ohne ls. Zustimmung?

Es stellen sich mehr Fragen, als beantwortbar erscheinen. Deshalb sind Eingrenzungen vorzunehmen, z. B. hinsichtlich der Rolle oder der Eigenschaft, in der die rechtliche Betätigung angeboten oder nachgefragt wird. Hier ist eine Familienberatungsstelle als freier Träger der Jugendhilfe tätig. Es ist auch eine Rechtsfrage, was diese Stelle leisten kann und wo sie an andere Stellen verweisen muss.

4. Rechtsgrundlagen finden

Wo steht etwas zum Umgangsrecht?	§§ 1684, 1626, 1632 BGB, § 18 SGB VIII, §§ 49a, 52a FGG
Wo steht etwas zur Kindesentziehung?	§ 235 StGB
Wo steht etwas über Verlassen werden?	§ 1666 BGB, §§ 170d, 221 StGB

Wo steht etwas über die weiteren Rechtsfragen?

5. Subsumieren

Der nächste Schritt ist das Zusammenbringen von Gesetz und Lebenssachverhalt.

■ Hat Nelson ein Recht auf Umgang mit Fabian?

§ 1684 Abs. 1 BGB: Das Kind (hier Fabian) hat das Recht auf Umgang mit jedem Elternteil (hier Felizitas und Nelson); jeder Elternteil ist zum Umgang mit dem Kind verpflichtet und berechtigt.

Ergebnis: Nelson ist zum Umgang mit Fabian berechtigt. Das Gesetz nennt keine weiteren Kriterien als die Eigenschaft, Elternteil zu sein.

■ Welchen Inhalt hat das Umgangsrecht Nelsons?

Im Gesetz findet sich keine Definition des Umgangs, weder in § 1626 Abs. 3 BGB, noch in § 1632 Abs. 2 BGB oder in den §§ 1684, 1685 BGB. Die Studierenden müssen wissen, dass das elterliche Umgangsrecht dem vom Kind getrennt lebenden Elternteil das Recht gibt,

– sich von der Entwicklung und dem Wohlergehen seines Kindes laufend zu überzeugen,

– auf Pflege der mit seinem Kind bestehenden natürlichen Bande,

– auf Vorbeugung einer Entfremdung des Kindes von ihm,

– auf Befriedigung des Liebesbedürfnisses beider Teile[10].

Ebenso müssen die Studierenden wissen: Das Umgangsrecht ist ein Elternrecht, das wie das Sorgerecht durch Art. 6 Abs. 2 GG geschützt ist.

Nelson hat also in der Vergangenheit von seinem Umgangsrecht keinen Gebrauch gemacht; er hat sich nicht von der Entwicklung seines Kindes überzeugt usw.

■ Hat Nelson trotz seines bisherigen Verzichts auf Umgang ein Recht auf Kontaktanbahnung?

Das Umgangsrecht (§ 1684 BGB) knüpft nicht an ein elterliches Wohlverhalten, sondern nur an die Eigenschaft „Elternteil" an. Das Umgangsrecht ist keine Belohnung. Deshalb spielt das bisherige Verhalten für das Umgangsrecht selbst keine Rolle, auch nicht die fehlenden Unterhaltszahlungen und der fehlende Kontakt. Das hat zur Folge, dass das Umgangsrecht nach längerer Unterbrechung auch ein Kontaktanbahnungsrecht sein kann. Nelson hat mit seinem bisherigen Verhalten sein Elternrecht nicht „verwirkt".

■ Kann niemand Nelson hindern, das Kind allein zu sehen und mit ihm in Urlaub zu fahren?

§ 1684 Abs. 4 Satz 1 BGB: Das Familiengericht kann das Umgangsrecht einschränken oder ausschließen, so weit dies zum Wohle des Kindes erforderlich ist. Nach dem Gesetzeswortlaut kann Felizitas den Umgang nicht ausschließen.

Aber Ziel des Gesetzes ist nicht, Eltern von der selbstständigen Regelung des Umgangsrechts abzuhalten. Sie sollen dies sogar. Die Jugendhilfe bietet ihnen dazu Beratung und Unterstützung an, § 18 Abs. 3 SGB VIII. Der Weg zum Gericht ist also das letzte Mittel.

---

[10] Palandt, 58. Auflage, 1684, RNr 9

Kraft ihrer elterlichen Sorge kann Felizitas den Umgang ausschließen oder einschränken, wenn dies zum Wohl Fabians erforderlich ist. Jetzt kommt das Vorverhalten von Nelson zum Tragen. Zum Wohl des Kindes gehört in der Regel der Umgang mit beiden Elternteilen, § 1626 Abs. 3 Satz 1 BGB. Liegt hier eine Ausnahme vor? Ja, das Kind kennt seinen Vater nicht. Nelson spricht englisch. Ein Urlaub allein mit Nelson – einem für Fabian fremden Mann – entspricht nicht seinem Wohl, § 1626 Abs. 3 BGB. Felizitas darf Nelson den Urlaub allein mit dem Kind verweigern.

■ Darf Felizitas den Umgang ausschließen?

Felizitas will nicht, dass Fabian Nelson überhaupt kennen lernt, jedenfalls soll er Nelson nicht vor der Adoption kennen lernen. § 1684 Abs. 4 Satz 2 BGB: Eine Entscheidung, die das Umgangsrecht für längere Zeit oder auf Dauer einschränkt oder ausschließt, kann nur ergehen, wenn anderenfalls das Wohl des Kindes gefährdet wäre.

Gefährdung des Kindeswohles ist in § 1666 BGB geregelt. Ist das körperliche, geistige oder seelische Wohl von Fabian gefährdet, wenn er seinen Vater jetzt kennen lernt? Es ist sicher ein Stress für das Kind, den unbekannten Vater zu treffen. Ob das Kind dadurch gefährdet ist, kann auf Grund der Daten im Sachverhalt aber nicht beurteilt werden.

Felizitas weist auf die Unberechenbarkeit von Nelson hin und befürchtet eine Entführung des Kindes. Das stellt eine Gefährdung des körperlichen und seelischen Wohls dar.

– Führt eine Gefährdung zum Ausschluss des Umgangsrechts?

Nur wenn die Eltern (hier der Umgangsberechtigte Nelson) nicht gewillt oder in der Lage sind, die Gefahr abzuwenden.

– Auf welche andere Weise als durch Ausschluss des Umgangs könnte Fabian vor Entführung geschützt werden?

§ 1684 Abs. 4 Satz 3 BGB: Das Familiengericht, oder hier Felizitas, kann insbesondere anordnen, dass der Umgang nur stattfinden darf, wenn ein mitwirkungsbereiter Dritter anwesend ist. Nur unter dieser Bedingung kann Nelson seinen Sohn sehen. Nelson hat diese Einschränkung seines Umgangsrechts hinzunehmen.

- Da Felizitas nicht will, dass Fabian Nelson kennen lernt, entspricht die Lösung eines betreuten Umgangs allerdings nicht ihrem Ziel.

■ Darf Felizitas das Kind verstecken, mit ihm verschwinden?

§ 235 StGB: Wer eine Person unter achtzehn Jahren durch List, Drohung oder Gewalt ihren Eltern ... entzieht, wird ... bestraft.

Ergebnis: Wenn Felizitas des Kind versteckt oder mit ihm verschwindet, entzieht sie Nelson das Kind und macht sich dadurch strafbar.

6. Lösungsvorschlag

■ Zum Umgang:

Felizitas kann mit Nelson vor seinem Zusammentreffen mit dem Kind bei der Familienberatungsstelle oder beim Jugendamt Beratung und Unterstützung bei der Ausübung des Umgangsrechts nach § 18 Abs. 3 SGB VIII in Anspruch nehmen.

Felizitas sollte Nelson schon jetzt mitteilen, dass sie sich mit ihm zu einem bestimmten Termin zu einem Gespräch über den Umgang treffen will.

Andere Lösung? Felizitas organisiert selbst einen Dritten, der Fabian schützt, z. B. Josef.

Lässt sich Nelson nicht auf die Einschränkung seines Umgangs ein, ist es seine Sache, zum Familiengericht zu gehen.

Andere Lösung? Felizitas beantragt von sich aus eine gerichtliche Umgangsregelung.

■ Zum Kindesunterhalt:

Je nachdem, ob Beistandschaft besteht oder nicht, kann Felizitas den Beistand vom Kommen des Nelson unterrichten oder Beistandschaft für die Klärung des Unterhaltsanspruchs beantragen.

Felizitas sollte Nelson dies nicht schon jetzt mitteilen. Die Besprechung des Unterhalts könnte im Anschluss an die Klärung des Umgangs stattfinden. Von der Bereitschaft zur Klärung des Unterhalts sollte Felizitas die Stellung einer Strafanzeige wegen Unterhaltspflichtverletzung abhängig machen. Andere Lösungen? Felizitas erstattet sofort Strafanzeige wegen Unterhaltspflichtverletzung und teilt das Ankunftsdatum von Nelson mit. Felizitas sucht eine/n RechtsanwältIn auf.

■ Zum Mutterunterhalt:

Felizitas könnte wegen ihrer Unterhaltsansprüche gegen Nelson das Jugendamt aufsuchen und von ihrem Anspruch nach § 18 Abs. 2 SGB VIII auf Beratung und Unterstützung bei der Geltendmachung von Unterhaltsansprüchen nach § 1615 l BGB Gebrauch machen.

Andere Lösungen? …

■ Zur Adoption:

Voraussetzung für die Stiefkindadoption, § 1741 Abs. 2 Satz 3 BGB, ist die Eheschließung von Felizitas und Josef. Stellt Josef dann einen Adoptionsantrag, müssen Fabian und seine Eltern einer Adoption zustimmen, §§ 1746, 1747 BGB. Es gibt keine heimliche Adoption hinter dem Rücken des Vaters eines nichtehelichen Kindes.

Lösung: Solange die beiden nicht geheiratet haben, ist zur Adoption nichts veranlasst.

Andere Lösung? Solange der Aufenthalt von Nelson unbekannt war, hätte das Gericht seine Einwilligung wohl ohne Schwierigkeiten ersetzt, § 1748 BGB. Nun, da seine Adresse bekannt ist und er nach Deutschland kommt, besteht die Chance, dass er der Adoption zustimmt. Auch hier ist ein Gespräch beim Jugendamt möglich. Die Initiative müsste aber von Josef ausgehen.

■ Zu möglichen Ansprüchen Josefs gegen Nelson:

Die Klärung dieser Situation gehört nicht zu den Leistungen der Jugendhilfe. Josef gehört nicht zu den Personen, auf die der

Unterhaltsanspruch des Kindes übergeht, § 1607 Abs. 3 BGB. Das gilt auch für den Unterhaltsanspruch der Mutter, § 1615 l BGB, der auf den Verwandtenunterhalt verweist, § 1615 l Abs. 3 BGB. Er ist weder Felizitas Ehegatte noch Scheinvater des Kindes. Josef ist auf anwaltliche Beratung hinzuweisen und auf die Möglichkeit, dafür Beratungshilfe nach dem Beratungshilfegesetz in Anspruch zu nehmen.

7. Entscheidung treffen

Der/Die BeraterIn hat Felizitas darzulegen, was die Beratungsstelle ihr bieten kann und will und welche Hilfen sie von anderen Stellen (Jugendamt, Gericht) erwarten kann. Die Entscheidung wird von sozialpädagogischen Gesichtspunkten im Interesse des Kindes geprägt sein.

Die Station „Entscheidung treffen" lässt sich klarer an Hand der Aufgabe 3 darstellen. Deshalb arbeite ich damit weiter:

Das Ergebnis der rechtlichen Überprüfung dort führte zu der Erkenntnis, dass M nicht in den Mietvertrag eintreten kann:

- Er ist nicht Ehegatte.

- Er ist kein Familienangehöriger.

- Er ist nicht Erbe.

Dementsprechend lautet die Entscheidung: M muss ausziehen.

8. Ergebnis bewerten

Es sollte keine endgültige Entscheidung getroffen werden, bevor das Ergebnis der gefundenen rechtlichen Subsumtion daraufhin geprüft wurde, ob es billig und gerecht ist.

Was spricht für die Entscheidung?

Die Fortsetzung eines Mietverhältnisses nach dem Tod der MieterIn mit bisherigen NichtmieterInnen bedeutet eine Beschränkung der

Eigentümer/VermieterIn in der Verfügung über ihr Eigentum, Art. 14 GG. Ein solcher Eingriff in ein Grundrecht soll nur unter engen Voraussetzungen erfolgen. Die Voraussetzungen waren in § 569a BGB a. F. beschrieben.

Die Interessen von Ehegatten, Familienangehörigen und Erben an der Nutzung der Wohnung gingen dem Interesse der Eigentümer an der Verfügbarkeit über das Eigentum vor. Nach der alten Rechtslage bestand für einen weiter gehenden Eingriff in das Eigentumsrecht keine Veranlassung: M und S hätten heiraten können, dann könnte M als Ehegatte in das Mietverhältnis einsteigen. S hätte M als Erben einsetzen können, dann könnte M als Erbe in das Mietverhältnis eintreten. Dass dies unterlassen wurde, sei kein Grund, für M ein Eintrittsrecht in den Mietvertrag zwischen S und V zu konstruieren.

Was spricht gegen die Entscheidung?

§ 569a BGB a. F. privilegierte die Ehe. M und S haben in nichtehelicher Lebensgemeinschaft zusammengelebt. War die gesetzliche Ungleichbehandlung von Ehe und nichtehelicher Lebensgemeinschaft gerechtfertigt? Bei Zweifel ist erneut auf die Stufe der Subsumtion zurückzugehen und erneut mit dem Gesetz zu arbeiten, indem geprüft wird, ob die Anwendung der Auslegungsregeln zu einem anderen Ergebnis führt.

Frage ist, ob § 569a BGB a. F. auch so ausgelegt werden kann, dass M als nichtehelicher Lebenspartner in den Mietvertrag eintreten kann.

– Wortlaut: Das gefundene Ergebnis entsprach dem Wortlaut des § 569a BGB a. F. Auslegung der Begriffe veränderte das Ergebnis nicht.

– Systematische Auslegung: Der Zusammenhang, in dem die Vorschrift stand (hier das Mietrecht), gab keine Hinweise auf nichteheliche Lebensgemeinschaften. Die systematische Auslegung änderte das Ergebnis nicht.

– Historische Auslegung: § 569a BGB a. F. wurde 1964 in das BGB eingefügt. Zu dieser Zeit spielten nichteheliche Lebensgemeinschaften neben der Ehe keine große Rolle; sie galten vielmehr als illegitim.

Der Gesetzgeber wollte nichteheliches Zusammenleben nicht schützen. Die historische Auslegung änderte das Ergebnis nicht.

– Teleologische Auslegung: Was waren die gesetzgeberischen Ziele dafür, Ehegatten und Familienangehörigen die Möglichkeit einzuräumen, in einen bestehenden Mietvertrag einzutreten? Personen, die einen gemeinsamen Hausstand mit dem verstorbenen Mieter hatten, sollte dieser Lebensmittelpunkt erhalten bleiben.

M und S lebten in einer nichtehelichen Lebensgemeinschaft mit einem gemeinsamen Hausstand, der beider Lebensmittelpunkt war. M hat kein geringeres Schutzbedürfnis, dass ihm dieser nach dem Tod von S erhalten bleibt. Weil seine Situation mit der des Personenkreises, der ausdrücklich durch § 569a BGB a. F. geschützt wird, vergleichbar ist, ist das Recht der VermieterIn in seinem Fall einzuschränken. Die teleologische Auslegung änderte das Ergebnis.

Welches Ergebnis vertreten wird, ist in der Prüfung unerheblich. Wichtig ist, dass eine Billigkeitsprüfung erfolgte.

Hinweis: Das Mietrechtsreformgesetz 2001[11] sieht nunmehr auch ein Eintrittsrecht für PartnerInnen nichtehelicher Lebensgemeinschaften sowie für eingetragene Lebenspartner vor. So führt Auslegung zu einer Veränderung des Rechts:

§ 563 BGB n. F. Eintrittsrecht bei Tod des Mieters

(1) Der Ehegatte, der mit dem Mieter einen gemeinsamen Haushalt führt, tritt mit dem Tod des Mieters in das Mietverhältnis ein. Dasselbe gilt für den Lebenspartner.

(2) Leben in dem gemeinsamen Haushalt Kinder des Mieters, treten diese mit dem Tod des Mieters in das Mietverhältnis ein, wenn nicht der Ehegatte eintritt. Der Eintritt des Lebenspartners bleibt vom Eintritt der Kinder unberührt. Andere Familienangehörige, die mit dem Mieter einen gemeinsamen Haushalt führen, treten mit dem Tod des Mieters in das Mietverhältnis ein, wenn nicht der Ehegatte oder der Lebenspartner eintritt. Dasselbe gilt für Personen, die mit dem Mieter einen auf Dauer angelegten gemeinsamen Haushalt führen.

---

[11] Mietrechtsreformgesetz (BGBl. I 2001 S. 1149)

Überlegen Sie die neuen Fragen, die sich aufgrund dieser Vorschrift ergeben:

- Ist Lebenspartner jede LebenspartnerIn oder nur die LebenspartnerIn einer eingetragenen Lebenspartnerschaft nach dem am 1.8.2001 in Kraft getretenen Lebenspartnerschaftsgesetz?

- Fällt die Partnerin einer nichtehelichen Lebensgemeinschaft oder nicht eingetragenen Lebenspartnerschaft unter Abs. 1 Satz 2 oder Abs. 2 Satz 4?

- Was gilt nach neuem Recht, wenn im Haushalt der S noch eine Tochter oder eine andere Verwandte lebte, die in den Mietvertrag eintreten, aber nicht mit M weiterhin in der Wohnung leben möchte?

Prüfungstyp: Vertiefung eines Rechtsgebiets

3

1. Aufgabe 5: Unterhalt und Sozialhilfe[12]

Bearbeitungszeit:	120 Minuten
Hilfsmittel:	Gesetzessammlung, Düsseldorfer Tabelle, Schema zur Berechnung der Sozialhilfe

Sie arbeiten als SozialarbeiterIn in einem Familienzentrum. In Ihre Sprechstunde kommt Adam und ist verzweifelt, weil ihm seine Ehefrau Berta angekündigt hat, sich scheiden lassen zu wollen. Sie erfahren:

Berta und Adam haben vor drei Jahren geheiratet. Sie haben ein gemeinsames Kind Claudia, das vier Jahre alt ist. Adam ist angestellter Ingenieur und verdient derzeit netto, also nach Abzug von allen Steuern und Sozialversicherungsbeiträgen (Renten-, Kranken-, Arbeitslosen- und Pflegeversicherung) monatlich 6500,– DM/3323,– EUR. Berta ist Krankenschwester, aber nicht erwerbstätig und verfügt über kein sonstiges Einkommen; sie erhält auch kein Erziehungsgeld mehr.

Berta hat ein nichteheliches Kind, Donald, neun Jahre alt. Das Kind lebt mit ihr in der neuen Familie. Der Vater Georg hat die Vaterschaft anerkannt und beim Jugendamt einen Unterhaltstitel über die Zahlung des Regelunterhaltes abzüglich anteiligem Kindergeld erstellen lassen. Er war damals Referendar und lebte mit Berta zusammen, weshalb die damals übliche Amtspflegschaft aufgehoben wurde. Georg wollte mit Berta zusammenbleiben. Er zahlt seit der Trennung vor vier Jahren keinen Unterhalt für Donald. D wurde und wird von Adam unterhalten. Das Kindergeld für Donald erhält Berta.

Auf Ihre Nachfrage erfahren Sie weiter: Weder Adam noch Berta wollen mit Georg etwas zu tun haben. Deshalb wurde weder versucht, aus dem Unterhaltstitel zu vollstrecken noch den Unterhaltsbetrag zu erhöhen, obwohl der Vater mittlerweile mit der Ausbildung fertig ist und als Grundschullehrer arbeitet.

---

[12] Prüfung WS 96/97

Adam war in erster Ehe mit Friederike verheiratet. Er hat aus dieser Ehe das Kind Eva, sechs Jahre alt, das mit der Mutter in der früheren Ehewohnung lebt. Die Eltern haben das Sorgerecht für Eva gemeinsam. Adam zahlt bisher für Eva einen monatlichen Kindesunterhalt von 700,– DM/358,– EUR abzüglich 1/2 Kindergeld und für Friedrike einen monatlichen Ehegattenunterhalt von 1200,– DM/614,– EUR. Das Kindergeld von 270,– DM/138,– EUR erhält Friederike. Sie war schon während der Ehe erwerbstätig und ist dies auch jetzt. Bei der Ermittlung ihres Unterhalts nach der Scheidung wurde für sie ein monatliches bereinigtes Einkommen von 2000,– DM/1023,– EUR berücksichtigt.

Auf dieser Basis sah die wirtschaftliche Situation von Adam und seiner neuen Familie gemäß dem nachfolgenden Budgetplan (auf S. 54 f.) aus.

Nun ist Eva ernsthaft erkrankt und braucht die nächsten Jahre sehr viel mehr Pflege und Betreuung als bisher. Friederike musste deshalb ihre Erwerbstätigkeit erheblich reduzieren und hat nur noch ein anrechenbares Einkommen von 1000,– DM/511,– EUR monatlich. Sie habe sich deshalb an Adam gewandt und weitere 800,– DM/409,– EUR Ehegattenunterhalt verlangt, weil sie bei aller Sparsamkeit nicht in der Lage sei, das Lebensniveau für Eva einigermaßen aufrechtzuerhalten. Sie habe ihm erklärt, dass sie sich beim Sozialamt nach Hilfe für den Lebensunterhalt erkundigt habe. Die Auskunft war, dass sie keine Sozialhilfe bekomme.

Auf Nachfrage erfahren Sie, dass

- Adam sich nicht vorstellen kann, sich stärker an der Betreuung von Eva zu beteiligen, damit die Mutter im früheren Umfang erwerbstätig sein könnte,

- Adam bisher den Ehegattenunterhalt für Friederike nicht steuerlich geltend gemacht hat,

- Friederike den Unterhalt nicht versteuert hat.

Als Adam Berta mitteilte, dass er die 800,– DM/409,– EUR Unterhalt bezahlen werde, weil er wolle, dass es Eva gut gehe und er weder einen Unterhaltsprozess mit seiner ersten Frau führen noch etwas mit dem Sozialamt zu tun haben wolle, habe Berta ihm eröffnet, dass sie das nicht akzeptiere. Adam habe versprochen, ihr zu ermöglichen, sich voll und ganz um die Kinder kümmern zu können. Das gehe nicht, wenn sie immer hinter seiner ersten Frau zurückstehen müsse und sich wegen der Tatsache, dass sie Geld für Donald verwende, gegen die Zurücksetzungen nicht wehren könne. Sie bräuchte dringend Erholung. Aber schon jetzt sei kein Geld für einen Urlaub vorhanden. Wenn er zahle, sei noch weniger Geld da. Von ihren Eltern könne sie keine finanzielle Unterstützung bekommen. Da lebe sie lieber allein mit den beiden Kindern, wenn es sein muss, auch von Sozialhilfe.

So lebte Adam mit Berta, Claudia und Donald bis zur Forderung der Mutter von Eva auf Erhöhung des Unterhaltes um 800,– DM/409,– EUR

Einnahmen

Netto-Gehalt des Alleinverdieners Adam aus nichtselbstständiger Arbeit, bereinigt um Steuern (Lohnsteuerklasse III) und Sozialversicherung	6500,– DM	3323,– EUR
Kindergeld Donald und Claudia (270,– DM/138,– EUR)	540,– DM	276,– EUR
zusammen	7040,– DM	3599,– EUR

Ausgaben wegen Erstfamilie

Friederike	1200,– DM	614,– EUR
Eva	565,– DM	289,– EUR
verbleiben für Zweitfamilie	5275,– DM	2696,– EUR

Haushaltsplan Zweitfamilie

Miete/Nebenkosten	1600,– DM	818,– EUR
Heizung	150,– DM	77,– EUR
Strom	100,– DM	51,– EUR
Telefon	100,– DM	51,– EUR
Familien-Haftpflicht/und Hausrat-Versicherung	50,– DM	26,– EUR
Lebensversicherung	200,– DM	102,– EUR
Berufshaftpflicht	10,– DM	5,– EUR
Beitrag zum Ingenieurverband	10,– DM	5,– EUR
Rückzahlung für Darlehen Berta wegen des Umzuges und Neueinrichtung der Wohnung	300,– DM	153,– EUR
Kosten für Auto/Steuer, Versicherung, Benzin, etc.)	350,– DM	179,– EUR
Lebensmittel für 4 Personen	1200,– DM	614,– EUR
Hobby, Ausgehen, Zigaretten	120,– DM	61,– EUR

noch: So lebte Adam mit Berta, Claudia und Donald bis zur Forderung der Mutter von Eva auf Erhöhung ...

Körperpflege/Friseur/Gesundheit/Sport, z. B. Schwimmbad	150,– DM	77,– EUR
Bestandserhaltung (Waschen, Putzen, Reinigung, Schuster)	80,– DM	41,– EUR
Kleidung, Wäsche, Schuhe, Erneuerung, Ersatzbeschaffung	280,– DM	143,– EUR
Haushaltsbedarf (Anschaffungen und Ersatzbeschaffung von Glühbirne bis zur Waschmaschinenreparatur)	130,– DM	66,– EUR
Fahrtkosten Adam (öffentliche Verkehrsmittel zum Betrieb)	150,– DM	77,– EUR
Zeitung/Rundfunk/Zeitschriften/Bücher	100,– DM	51,– EUR
Kinderbedarf (Kindergarten C 180,– DM/92,– EUR und Schule D 70,– DM/36,– EUR)	250,– DM	128,– EUR
Gesamtausgaben	**5330,– DM**	**2725,– EUR**

Bearbeitung: **Punkte**

1. Wie ist das Verhältnis des Unterhaltsanspruchs von Erstfrau und Zweitfrau im BGB geregelt?
   Wirkt sich die Rangregelung auf den Unterhalt von Friederike und Berta aus? (10 Pkt.)

2. Prüfen Sie bitte, ob Friederike tatsächlich einen Anspruch auf weitere 800,– DM/409,– EUR Ehegattenunterhalt gegen Adam hat. Verwenden Sie bitte bei der Unterhaltsberechnung die Düsseldorfer Tabelle. (20 Pkt.)

   Führen Sie eine Billigkeitsprüfung über die von Ihnen gefundene Mittelverteilung für die Erst- und Zweitfamilie durch. (15 Pkt.)

3. Bekäme Friederike ergänzende Sozialhilfe, wenn Adam für sie und Eva nicht mehr Unterhalt als die bisherigen 1900,– DM/971,– EUR abzüglich halbes Kindergeld zahlt?

   Friederike hat eine Miete von 1200,– DM/614,– EUR und Heizkosten von 120,– DM/61,– EUR. Sie zahlt für eine Lebensversicherung 100,– DM/51,– EUR, für Hausrat- und Haftpflichtversicherung 30,– DM/15,– EUR, für die Fahrt zur Arbeitsstätte 80,– DM/41,– EUR. Wegen der Erkrankung von Eva hat sie zusätzliche

Kosten von 100,– DM/51,– EUR im Monat. Abgesehen von einem Auto, Wert 8000,– DM/4090,– EUR, das sie wegen der Erkrankung von Eva braucht, und einem Sparvertrag über 3000,– DM/ 1534,– EUR hat sie kein Vermögen. (20 Pkt.)

4. Ist die Befürchtung von Adam berechtigt, mit dem Sozialamt zu tun zu bekommen, falls F für sich Sozialhilfe erhält? Begründung (5 Pkt.)

5. Adam will keine Trennung oder Scheidung von Berta und keine Probleme mit Friederike. Beraten Sie ihn, wie sich die Situation seiner Zweitfamilie verbessern könnte. (30 Pkt.)

Bearbeitungshinweis:

1. Düsseldorfer Tabelle ist nach dem Stand 1.7.2001 zu verwenden.

2. Das Kindergeld beträgt 270,– DM/138,– EUR für das erste und zweite Kind.

3. Für die Beurteilungen der Sozialhilfe sind keine einmaligen Leistungen im Sachverhalt genannt. Setzen Sie einen Zuschlag von 20 % zu den jeweiligen Regelsätzen zur Abgeltung der einmaligen Leistungen an.

4. Der Regelsatz des Haushaltsvorstandes beträgt 550,– DM/ 279,33 EUR[13].

Den Lösungsvorschlag finden Sie auf Seite 92 ff.

Die Düsseldorfer Tabelle finden Sie in Ihrer Gesetzessammlung oder in der Zeitschrift für das gesamte Familienrecht (FamRZ 2001, 806). Sie gilt ab dem 1.7.2001[14]. Als Schema für die Berechnung der Sozialhilfe empfehle ich das des Deutschen Vereins, zu finden in Blätter der Wohlfahrtspflege (Deutsche Zeitschrift für Sozialarbeit 1998, 84).

Hinweis: Dies ist eine von den Prüfungen, bei denen Recht und Rechnen nahe liegen. Rechenfehler sind kein Problem. Bewertet wird die Beherrschung des Systems der Berechnung und die Konsequenz. Wer

---

[13] Amtliche Euro-Werte für Regelsätze lagen bei Drucklegung noch nicht vor.
[14] Die Düsseldorfer Tabelle ab 1.1.2002 enthält Euro-Werte.

z. B. keinen offenen Bedarf errechnet hat, sollte nicht schreiben, dass Sozialhilfe geleistet wird und umgekehrt!

Für PrüfungstaktikerInnen: Die meisten Punkte gibt es für die offene Frage, in der Sie neben Recht auch Sozialpädagogik unterbringen können. Die Beantwortung dieser Frage, eine Berechnung und die Beantwortung einer der beiden Fragen zu Gesetzen, und die Prüfung ist bestanden.

Für MinimalistInnen: Wo nichts steht, ist nichts zu retten. Auch wer glaubt, dass er höchstens Unterhalt berechnen kann oder umgekehrt Sozialhilfe, sollte die Gegenaufgabe nicht mit Schweigen verachten. Manchmal kommt es auf ein paar Punkte an für das Bestehen oder für die bessere Note.

2. Aufgabe 6: Garantenstellung

Arbeitszeit:	60 Minuten

Nach der Geburt von K zogen seine Eltern, M (alleiniges Sorgerecht) und V, zusammen. Als V feststellte, dass M Schwierigkeiten hatte, das Kind zu versorgen, übernahm er, soweit es ihm möglich war, die Pflege des Säuglings. Er gab dem Kind die Flasche, wickelte und badete es und stellte es dem Kinderarzt vor. Als K vier Monate alt war, wurde V verhaftet. Vom Gefängnis aus unterrichtete er das zuständige Jugendamt von seiner Sorge, dass M mit dem Kind nicht zurecht komme. Sie höre das Kind nicht schreien oder reagiere nicht darauf, insbesondere denke sie nicht daran, dass das Kind Hunger und Durst haben könnte.

Die Sozialarbeiterin S vom Allgemeinen Sozialdienst setzte sich mit M in Verbindung und machte einen angemeldeten Hausbesuch. K befand sich nach ihrer Einschätzung in einem unauffälligen Allgemeinzustand. Sie erzählte von der Sorge des V. Ihr Ziel war, mit der Mutter in Kontakt zu kommen. Die Mutter war mit regelmäßigen wöchentlichen Hausbesuchen einverstanden. Angebote zur Hilfe lehnte sie ab.

Als S in der nächsten Woche kam, war K sehr erkältet und schlapp. S wollte das Kind nicht auswickeln und anschauen, sondern schlug M vor, zum Kinderarzt zu gehen und bot an, sie zu begleiten. M lehnte ab und erklärte, sie würde das alleine machen. Obwohl S zweifelte, dass M das auch tun werde, und ihr klar war, dass K unbedingt ärztliche Hilfe brauchte, beließ sie es dabei, um das Vertrauen der Mutter nicht zu verlieren.

Beim dritten Hausbesuch kam S nicht in die Wohnung. Sie erkundigte sich bei der von V genannten Kinderärztin, ob M das Kind vorgestellt habe. Unter Hinweis auf ihre Schweigepflicht gab diese keine Auskunft. S konnte M telefonisch nicht erreichen. Sie verständigte die Polizei und den Notarzt. Die Wohnung wurde geöffnet, das Kind lag tot im Bett. Es war verhungert und verdurstet.

Gegen S wird ermittelt. Nach den Angaben der Nachbarin N hat M drei Tage nach dem zweiten Hausbesuch die Wohnung ohne Kind verlassen. Die Nachbarin hörte zwei Tage lang immer wieder das Schreien, dann das Jammern des Kindes. Sie unternahm nichts. N ist als Zeugin zur Hauptverhandlung geladen. N möchte nicht aussagen.

1. Hat sich S strafbar gemacht?

2. Hat N ein Aussageverweigerungsrecht?

Lösung:

1. Strafbarkeit der S

§ 212 Abs. 1 StGB

Wer einen andern Menschen tötet, ohne Mörder zu sein, wird als Totschläger mit Freiheitsstrafe nicht unter fünf Jahren bestraft.

Voraussetzung für die Strafbarkeit sind Tathandlung, Rechtswidrigkeit und Schuld.

■ Tathandlung – Hat S das Kind getötet?

– Durch aktives Tun – nein.

– Durch Unterlassen eines aktiven Tuns? Wäre K bei einem Handeln der S nicht gestorben, nicht verhungert oder verdurstet? Verschiedene Handlungen denkbar, die den Tod des K entfallen ließen; häufigerer Hausbesuch, jedenfalls in Kenntnis der Erkrankung des Kindes nicht eine Woche warten, Kind anschauen, usw. Das Unterlassen der S war kausal für den Tod des Kindes.

- Unterlassen nur strafbar unter der Voraussetzung des § 13 StGB. Bestand Handlungspflicht für S? Ja, falls Garantenstellung. Das Jugendamt ist Garant für das Kindeswohl, S hat sich auf Veranlassung des Vaters um das Kind gekümmert, § 1666 BGB. S hat Garantenstellung aus Gesetz.

- Ist das Unterlassen gleichwertig mit aktiver Tötung? Ja. Hier Nichtkümmern um ein Kind in Kenntnis der Überforderung der Mutter, insbesondere nachdem das Kind krank wurde.

- War S ein Handeln für K zumutbar? Ja, ergibt sich schon aus der Professionalität der S. K war ihr Fall.

Ergebnis: Tötung durch Unterlassen.

■ Rechtswidrigkeit – indiziert

Hier keine Rechtfertigungsgründe – Gesichtspunkt, das Vertrauen der Mutter zu gewinnen, keine Rechtfertigung für das Verhalten der S.

■ Schuld – Vorsatz, Fahrlässigkeit

- Vorsatz, Wissen und Wollen der Tat? Nein, S wollte nicht, dass das Kind stirbt. Sie nahm seinen Tod auch nicht billigend in Kauf.

- Fahrlässigkeit nur strafbar, wenn das Gesetz dies vorsieht, § 15 StGB. Die fahrlässige Tötung ist strafbar gemäß § 222 StGB. Fahrlässig handelt, wer die im Verkehr übliche Sorgfalt verletzt. Hat S die übliche Sorgfalt bei der Sorge um das Wohl für ein Baby verletzt? Ja. Sie hätte sich am nächsten Tag überzeugen müssen, dass die Mutter beim Arzt war. Sie hätte sich bei der Mutter nach dem Befinden des Kindes erkundigen können und über echte Anteilnahme auch Vertrauen gewonnen.

- Entschuldigungsgrund – liegt nicht vor. Das Bestreben nach Vertrauensbildung ist kein Entschuldigungsgrund.

Ergebnis: S hat sich der fahrlässigen Tötung strafbar gemacht.

2. Aussageverweigerungsrecht der N

Eine Zeugin ist verpflichtet zum Erscheinen, zur Aussage und zum Eid. Die Pflicht zur Aussage entfällt, wenn N ein Aussageverweigerungsrecht hat. Regelungen hierzu finden sich in der StPO.

- § 52 StPO – sie hat kein Aussageverweigerungsrecht aus persönlichen Gründen.

- § 53 StPO – sie hat kein Aussageverweigerungsrecht aus beruflichen Gründen.

- In Betracht kommt § 55 StPO, wonach jeder Zeuge die Auskunft auf solche Fragen verweigern kann, deren Beantwortung ihm selbst … die Gefahr zuziehen würde, wegen einer Straftat … verfolgt zu werden. Besteht die Gefahr? N hat das Kind weinen und jammern hören und nichts gemacht. Sie ist als Nachbarin keine Garantin für das Kind, aber in Betracht kommt unterlassene Hilfeleistung, § 323c StGB. Das Auskunftsverweigerungsrecht gibt kein generelles Aussageverweigerungsrecht, erlaubt nur, belastende Fragen nicht zu beantworten.

Ergebnis: N hat kein Aussageverweigerungsrecht, aber ein Auskunftsverweigerungsrecht.

3. Aufgabe 7: Vorschlag der Jugendgerichtshilfe[15]

Arbeitszeit:	60 Minuten

Sabine, 16 Jahre, Schülerin der Realschule (9. Klasse), 160 cm Körpergröße, 48 kg, ist häufig aggressiv gegenüber MitschülerInnen, kommt in der Schule gerade noch mit, nimmt es mit der Wahrheit nicht so genau, schwänzt häufig die Schule, wird aber von der Mutter entschuldigt.

Kleine Diebstähle zu Hause (sie nimmt dem Stiefvater immer wieder Geldbeträge zwischen 10,– und 20,– DM/5,– und 10,– EUR aus der Tasche), immer wieder Ladendiebstähle:

---

[15] nach Prof. Dr. Egon Buchberger

■ Erstes Jugendgerichtsverfahren (Computerspiel gestohlen, Wert 89,– DM/46,– EUR): eingestellt;

■ Zweites Jugendgerichtsverfahren (Tuch gestohlen, Wert 200,– DM/102,– EUR): 40 Stunden gemeinnützige Arbeit;

■ Jüngst erneut bei Kaufhausdiebstahl erwischt (Parfum, Wert 120,– DM/61,– EUR): Erneutes Ermittlungsverfahren.

Familiäre Situation:

Vater, 39 Jahre alt, Handwerker, seit sechs Jahren von der Mutter geschieden. Sabine hat mit dem Vater in erster Linie telefonischen Kontakt. Er zahlt monatlich 800,– DM/409,– EUR Unterhalt für Sabine an die Mutter.

Mutter, 36 Jahre, hat seit der Scheidung das alleinige Sorgerecht für Sabine, ist Angestellte in einem Kaufhaus (Teilzeit, 18 Stunden). Sie verdient monatlich 1300,– DM/665,– EUR, wiederverheiratet.

Stiefvater, 34 Jahre, Facharbeiter bei der Bahn, ist beruflich viel unterwegs und kommt oft tagelang nicht nach Hause. Die Familie lebt im Haus des Stiefvaters.

Stiefschwester Claudia, drei Jahre: Sabine hat wenig Kontakt zu ihrer Stiefschwester.

Sabine war nach der Scheidung der Eltern für drei Jahre in einem Heim untergebracht. Sie kam vor drei Jahren in die Familie der Mutter zurück, konnte sich aber nicht richtig einleben. Der Stiefvater blieb ihr fremd; er beschäftigt sich vorwiegend mit seiner eigenen Tochter.

Sie verkraftete den Schulwechsel nicht und musste die 8. Klasse wiederholen.

Sabine genießt viele Freiheiten, darf viel mit Freundinnen fortgehen, kommt abends spät nach Hause etc. Sie hat aber den Eindruck, dass Mutter und Stiefvater froh sind, wenn sie nicht daheim ist.

Aufgabenstellung:

1. Schlagen Sie der Staatsanwaltschaft (§ 45 JGG) oder dem Gericht (§ 38 JGG) eine Maßnahme für Sabine vor.

2. Nennen Sie die Rechtsgrundlage für Ihre Intervention.

Lösung:

Aufgabe 7 ist eine ergebnisoffene Aufgabe. Erwartet wird die Erläuterung folgender Problemstellungen:

- Erziehungs- bzw. Nacherziehungsprinzip des JGG, §§ 10, 13, 17 JGG.

- Zur Feststellung des Erziehungsbedarfes ist das Erziehungsdefizit von Sabine herauszuarbeiten. Das bedeutet das Erstellen einer pädagogischen Diagnose.

- Als Maßnahme ist das Erziehungsmittel vorzuschlagen, das eine Chance bietet, das Defizit zu minimieren.

- Dann ist die Maßnahme rechtlich zuzuordnen. Zur Verfügung steht der Katalog des JGG. Aber das JGG ist keine Grenze. In § 10 JGG heißt es bei den Weisungen „insbesondere ... "; das bedeutet, dass der Einzelfallregelung keine Grenzen gesetzt sind. Das JGG verweist auf SGB VIII, § 12 JGG. § 45 JGG schränkt die erzieherischen Maßnahmen nicht ein und nennt noch den Täter-Opfer-Ausgleich. Auch das SGB VIII stellt auf den erzieherischen Bedarf im Einzelfall ab, § 27 Abs. 2 SGB VIII.

Hinweis: Bei der Lösung gibt es kein richtig oder falsch, sondern vertretbar oder nicht vertretbar. Es kommt auf die Begründung an. Das heißt aber nicht, dass keine Fehler gemacht werden können:

Bei erzieherischen Maßnahmen außerhalb des Gerichts (§ 45 JGG) ist z. B. daran zu denken, dass Sabine minderjährig und ihre Mutter sorgeberechtigt ist. Anspruch auf Hilfe zur Erziehung haben die Sorgeberechtigten, § 27 Abs. 1 SGB VIII.

Überraschend war die hohe Zahl von Bearbeitungen, die eine Jugendstrafe von ..., ausgesetzt zur Bewährung auf ... Jahre vorschlugen. Dabei wurde oft übersehen, dass eine Jugendstrafe zur Bewährung zunächst einmal eine wirkliche Jugendstrafe ist, die, § 22 Abs. 2 JGG, schädliche Neigungen in einem Ausmaß voraussetzt, dem mit Erziehungsmaßregeln oder Zuchtmitteln nicht beizukommen ist. Wer eine Strafaussetzung zur Bewährung will, muss sich klar sein, dass er nicht „milde" ist, sondern für Sabine eine Jugendstrafe will, die härteste Form der Nacherziehung.

Prüfungstyp: Vorstrukturierter, komplexer Sachverhalt

4

Vorgestellt werden drei Beispiele für integrierte Prüfungen nach dem Grundstudium mit Lösungsskizzen.

Zur Einschätzung: Auf die Prüfung vorbereitete Studierende brauchen drei Stunden. Bearbeiten Sie die Aufgaben aus dem Stand, werden Sie länger brauchen.

Bitte beachten Sie, dass die Lösungsskizze nicht der Weisheit letzter Schluss ist. Kommen Sie auf andere Ergebnisse, bedeutet die Abweichung nicht zwingend einen Fehler. Beispiel ist ein Studierender, der eine Prüfung mit „sehr gut" bestanden hatte. Er wollte die Prüfung einsehen und war dann überrascht ob der Korrekturbemerkungen. Nicht die Nähe zur Lösungsskizze entscheidet über die Note, sondern die Souveränität im Umgang mit Recht.

Da sich juristische Prüfungen durch die angeblich „sprechenden Namen" leichter bearbeiten lassen, weise ich darauf hin, dass ich keine Anhängerin dieser These bin. Die Namen sind ohne Bedeutung. Sie ergeben sich manchmal aus der Reihenfolge ihres Auftritts, manchmal aus ihrer Rolle. Ein Vater hat einen Namen mit V, eine Mutter einen mit M, Einzelkinder einen mit K, Großeltern mit G usw. Väter, Mütter heißen auch Herr und Frau, haben dann Namen mit H oder mit F. LebensgefährtInnen oder FreundInnen haben Namen mit F usw. Mehrere Kinder behandle ich nicht, wie die Römer, mit Zahlen, sondern entsprechend dem ABC.

1. Aufgabe 8: Viktor und Monika[16]

Bearbeitungszeit:	180 Minuten
Hilfsmittel:	Gesetzessammlung, Düsseldorfer Tabelle, Schema des Deutschen Vereins zur Berechnung der Sozialhilfe

Der am 25.7.1979 geborene Viktor (V) wurde am 15.6.1999 wegen Gefährdung des Straßenverkehrs, § 315c StGB, Körperverletzung, § 223 StGB, und unerlaubten Entfernens vom Unfallort, § 142 StGB,

---

[16] WS 98/99

zu einer Jugendstrafe von 10 Monaten verurteilt, §§ 1,105 JGG. Die Vollstreckung wurde für die Dauer von 2 1/2 Jahren zur Bewährung ausgesetzt. V wurde dem zuständigen Bewährungshelfer unterstellt. Der Bewährungsbeschluss verpflichtet V u. a. zur Zahlung eines Geldbetrages von 7000,– DM/3584,– EUR zu Gunsten einer gemeinnützigen Einrichtung, zahlbar in monatlichen Raten von 250,– DM/ 128,– EUR.

1. Wann wird eine Jugendstrafe verhängt?   Ca. 5 Min./5 Pkt.

Im Juli 1999 hatte V seine Lehre als Autoelektriker erfolgreich abgeschlossen und war aus dem Elternhaus aus und in die Wohnung von F eingezogen. Die beiden kennen sich seit Herbst 1997, verstehen sich gut. Sie wollen zusammenbleiben, vorerst aber nicht heiraten, in erster Linie, weil V verpflichtet ist, noch ca. 30 000,– DM/15 339,– EUR Schadenersatz und Schmerzensgeld für den Verkehrsunfall zu zahlen. V arbeitet aufgrund eines Arbeitsvertrages in einer Werkstatt und verdient mit Überstunden im Monat 2500,– DM/1278,– EUR netto. Er zahlt freiwillig 1200,– DM/614,– EUR Schulden ab (mehr als den pfändbaren Betrag, § 850c ZPO). Das geht nur, weil F als Bankkauffrau mehr verdient als V und interessiert ist, dass V so schnell wie möglich von den Schulden loskommt. Sie verlangt deshalb von ihm keine Beteiligung an Miete und Nebenkosten und sonstigen Haushaltskosten.

Dem Bewährungshelfer gefällt das nicht. Er hält V vor, sich aushalten zu lassen. Weil er V nicht überzeugen kann, sich an allen Kosten zu beteiligen, will er von sich aus mit F Kontakt aufnehmen und sie veranlassen, die anteiligen Kosten von V zu verlangen.

2. Darf der Bewährungshelfer das tun?   Ca. 10 Min./10 Pkt.

Im Februar 2000 erhielt V einen Brief vom Jugendamt X:

Durch die beiliegende Vollmacht zeigen wir an, dass wir Frau M bei der Wahrnehmung ihrer Interessen unterstützen. Nach den Angaben von M sind Sie der Vater des Kindes, dessen Geburt für den 5.5.2000 erwartet wird. Sie werden aufgefordert, die Vaterschaft anzuerkennen. Dies ist schon vor der Geburt des Kindes möglich. Zum Zwecke der Ermittlung des Unterhaltes für die Mutter ab dem vierten Monat vor dem

Geburtstermin und für das Kind ab Geburt haben Sie Auskunft über Ihr Einkommen 1999 und Ihr Vermögen zum 31.12.1999 zu erteilen.

3. Darf das Jugendamt in dieser Weise tätig werden?

Ca. 5 Min./5 Pkt.

V öffnet den Brief in Anwesenheit von F und braust auf. Er kann sich nicht vorstellen, der Vater zu sein. Als V auf Grund der Fragen und Nachfragen von F schließlich einräumt, mit M ungeschützten Geschlechtsverkehr gehabt zu haben, fordert F ihn auf, die Wohnung zu verlassen und zu der Frau zu gehen, mit der er sie betrogen hat, und sich um Mutter und Kind zu kümmern. V will keine Trennung von F. Um sie umzustimmen, droht er F an, von ihr Trennungsunterhalt zu verlangen.

4. Hat V einen Anspruch auf Trennungsunterhalt gegen F?

Ca. 5 Min./5 Pkt.

V findet ein möbliertes Zimmer als Untermieter. Er reagiert nicht auf das Schreiben des Jugendamtes. Dem Bewährungshelfer und seiner Familie erzählt er lediglich, dass er sich von F getrennt habe, weil er allein zurechtkommen wolle. Der Bewährungshelfer, bei dem V regelmäßig die Termine wahrnimmt, ist mit der Entwicklung von V zufrieden. Karin kommt am 1.5.2000 auf die Welt.

5. Welche Hilfe für die Vaterschaftsfeststellung und den Kindesunterhalt bietet das Jugendamt M an? Welche Folgen hat es für M, wenn sie diese Hilfe beantragt?

Ca. 15 Min./10 Pkt.

M war bis zur Geburt als freie Mitarbeiterin im Außendienst einer Versicherung selbstständig tätig und erzielte im Schnitt ein monatliches Einkommen von 2700,– DM/1380,– EUR netto. Sie kann diese Tätigkeit wegen der unregelmäßigen Arbeitszeit und der häufigen mehrtägigen Abwesenheit von zu Hause nicht mit der Pflege und Erziehung des Kindes vereinbaren. Sie wendet sich an das Jugendamt und erkundigt sich nach den Hilfen für die Betreuung des Kindes.

6. Welche Betreuungshilfen wird das Jugendamt anbieten?

Ca. 10 Min./10 Pkt.

M ist nach der Beratung resigniert, weil sie abgesehen von einer Vollzeitpflege keine Chance sieht, ihre bisherige Erwerbstätigkeit beizubehalten, und diese Hilfe lehnt sie ab. Als sie ihrer Mutter Guthild eröffnet, dass ihr wegen des Kindes nichts anderes übrig bleibe, als die Erwerbstätigkeit aufzugeben und von Sozialhilfe zu leben, solange und soweit V keinen Unterhalt bezahle, finden M und G eine Lösung: M versucht, eine Teilzeitstelle für 19 Stunden im Innendienst und Unterhalt von V zu bekommen. G, die seit vielen Jahren Vollzeit als Verkäuferin beschäftigt ist, reduziert ihre Tätigkeit auf Teilzeit und versorgt das Kind während der Abwesenheit von M.

Weil die Versicherung weiterhin an der Mitarbeit von M interessiert ist, kommt sie ihr bei der Arbeitsumgestaltung entgegen. Ihr Einkommen reduziert sich dadurch ab Juli 2000 auf 1700,– DM/869,– EUR. Für die Betreuung des Kindes will M der G 300,– DM/153,– EUR, die Hälfte des Erziehungsgeldes, zahlen.

7. Wie viel Unterhalt muss V für M und das Kind bezahlen, wenn er nach wie vor 2500,– DM/1269,68 EUR netto im Monat verdient? Ca. 30 Min./20 Pkt.

Bearbeitungshinweis: Schuldentilgungen aus den 30000,– DM/ 15339,– EUR des V wegen Schadensersatzes und Schmerzensgeldes sind nicht zu berücksichtigen.

Die Leitung des Geschäftes, in dem G arbeitet, gestattet G keine Teilzeit. G kündigt zum 30.6.2000, meldet sich teilarbeitslos und beantragt Arbeitslosengeld ab Juli 2000. Das Arbeitsamt verweigert in einem Bescheid die Zahlung des Arbeitslosengeldes wegen unberechtigter Arbeitsaufgabe.

Am 15.7.2000 bietet das Arbeitsamt eine Teilzeitstelle ab 1.8.2000 in einem 30 km von ihrer Wohnung entfernten Ort an. G lehnt das Arbeitsangebot ab, weil sie auf Grund der ungünstigen Verkehrsverbindung keine Chance hat, dass sie jeweils rechtzeitig das Kind von M übernehmen kann.

Daraufhin bekommt G vom Arbeitsamt den weiteren Bescheid, dass sie nach Ablauf der Sperrzeit kein Arbeitslosengeld erhalten wird.

8. Ist G zu raten, gegen die Entscheidungen des Arbeitsamtes vorzugehen? Ca. 45 Min./30 Pkt.

V ist zur freiwilligen Anerkennung der Vaterschaft nicht bereit, weil er hofft, F zurückzugewinnen, wenn er wenigstens nicht Vater ist. Auf Antrag des Kindes, vertreten durch den Beistand, stellt das Familiengericht die Vaterschaft von V fest und verurteilt V zur Zahlung des Regelbetrages, § 643 ZPO. V zahlt aber nicht. Lohnpfändungen sind erfolglos, weil er ständig seine Arbeitsstelle wechselt. Der Beistand betreibt deshalb keine Erhöhung des Kindesunterhaltes auf 150 % des Regelunterhaltes. M nimmt Unterhaltsvorschuss in Anspruch und erstattet Strafanzeige wegen Unterhaltspflichtverletzung, § 170 StGB.

V wird aus dem Unterhaltstitel zur Abgabe der eidesstattlichen Versicherung vom Amtsgericht – Vollstreckungsgericht und zur Vernehmung wegen Unterhaltspflichtverletzung als Beschuldigter von der Polizei geladen. Um zu Geld zu kommen, lässt er sich von einem Freund überreden, Autos nach Polen zu fahren. Er erkundigt sich nicht nach der Herkunft der Autos, nimmt aber an, dass sie gestohlen sind. Er wird schon bei der ersten Fahrt im Mai 2001 erwischt. Nun unterrichtet er endlich seinen Bewährungshelfer von seiner Lebenssituation. Er hat Angst, dass die Bewährung widerrufen wird.

9. Der Bewährungshelfer schreibt eine Stellungnahme zum Widerruf der Bewährung an das Gericht.

Ca. 25 Min./20 Pkt.

Den Lösungsvorschlag finden Sie auf Seite 99 ff.

2. Aufgabe 9: Claudia und Florian [17]

Arbeitszeit:	180 Minuten

Claudia, 17 Jahre, erscheint in der Beratungsstelle für Jugendliche im Jugendamt X und erklärt: „Ich bin von zu Hause weggegangen. Die letzten Tage habe ich bei verschiedenen Freundinnen geschlafen. Aber das geht nicht länger so. Bitte besorgen Sie mir eine Wohnung. Ich

---

[17] WS 96/97, angepasst

habe die 11. Klasse Gymnasium abgeschlossen und lebe bei meinen Eltern. Ich will von zu Hause weg und alleine leben. "

Auf Nachfrage nach dem Grund ergibt sich, dass Claudia im vierten Monat schwanger ist, dies aber noch niemand weiß und auch niemand wissen soll, vor allem ihre Eltern nicht.

1. Ist das Jugendamt verpflichtet, Claudia in Obhut zu nehmen? (5 Pkt.)

Nach einem langen Gespräch willigt Claudia ein, dass das Jugendamt Kontakt mit ihren Eltern aufnimmt.

Die Eltern kommen sofort. Sie sind betreten über die Schwangerschaft, über das Bestreben von Claudia, das Elternhaus zu verlassen und darüber, dass Claudia verheimlicht, wer der Vater des Kindes ist, fassen sich aber. Zu den Vorstellungen von Claudia meinen sie: „Weder die Schwangerschaft jetzt, noch das Kind sind ein Grund, dass du ausziehst. Im Gegenteil, wie willst du die Versorgung des Kindes und die Schule schaffen, wenn wir dir nicht dabei helfen. Aber auch wenn du uns zu Großeltern machst, haben wir nicht das Geld, dir eine Wohnung zu bezahlen. Wir finden es nicht gut für dich und wir können dir dies nicht erlauben. "

Zur wirtschaftlichen Situation: Der Vater ist selbstständiger Installateur. Die Mutter ist Buchhalterin und arbeitet im Betrieb des Vaters. Die Familie wohnt im Haus der Mutter, das sie geerbt hat. Das Haus ist 50 Jahre alt, hat sieben geräumige Zimmer und zwei Badezimmer. Zur Renovierung des Hauses wurde ein Kredit aufgenommen, für den monatlich 1000,– DM/511,– EUR Zins und Tilgung zu zahlen sind. Die Eltern verfügen über ein gemeinsames monatliches Nettoeinkommen von durchschnittlich 6000,– DM/3068,– EUR für die private Lebensführung der Familie. Claudia hat noch einen Bruder, 21 Jahre, der studiert, und eine Schwester, 10 Jahre.

Claudia akzeptiert die Entscheidung der Eltern nicht. Die Eltern fühlen sich missverstanden und ungerecht behandelt. Am Ende meint der Vater, dass sich Claudia doch an den Vater des Kindes halten soll, wenn sie ihr eigenes Leben führen will.

2. Hat Claudia einen Anspruch gegen ihre Eltern, ihr ein Leben in einer eigenen Wohnung außerhalb der Familie zu finanzieren? (10 Pkt.)

3. Können die Eltern Claudia an den Vater des Kindes verweisen? (10 Pkt.)

Nachdem sie Claudia die Grenzen aufgezeigt haben, geht sie zunächst mit den Eltern nach Hause. Aber sie hat ihren Plan nicht aufgegeben und sucht gegen ihr Versprechen nicht die Schwangerschaftsberatungsstelle, sondern das Sozialamt auf und stellt einen Antrag auf laufende Hilfe zum Lebensunterhalt und auf Hilfe in besonderen Lebenslagen. Die Sachbearbeiterin lehnt beide Anträge ab.

4. Wird ein Widerspruch gegen die Entscheidung des Sozialamtes Erfolg haben? (15 Pkt.)

Nachdem Claudia beim Arbeitsamt erfahren hat, dass sie praktisch keine Aussicht auf eine Arbeitsstelle hat, wendet sie sich erneut an das Jugendamt und wiederholt ihren Wunsch, alleine zu leben, sofort, aber auf jeden Fall, wenn das Kind da ist. Um mit Claudia und ihrer Familie zu einer für alle tatsächlich und wirtschaftlich akzeptablen Lösung zu kommen, macht das Jugendamt einen Vorschlag.

5. Machen Sie einen Vorschlag und begründen Sie ihn rechtlich. (30 Pkt.)

Das Standesamt teilt dem Jugendamt die Geburt von Claudias Kind Eva mit. Das Jugendamt setzt sich mit Claudia in Verbindung wegen der Klärung der Vaterschaft für Eva und des Unterhaltsanspruches des Kindes gegenüber dem Vater. Claudia nennt weiterhin den Namen des Vaters nicht. Die Eltern bedrängen sie, weil „heutzutage bei Schweigen sofort Inzest vermutet wird". Claudia ändert ihre Haltung nicht. Sie meint, dass sie nur warten müsse, bis sie 18 Jahre alt sei. Dann kümmert sich niemand mehr um die Frage der Vaterschaft.

6. Klären Sie Claudia auf, welche Folgen ihr Verhalten für sie hat, haben kann. (10 Pkt.)

Claudia ist mittlerweile in der 13. Klasse, volljährig und will das Abitur machen. Sie und der 21-jährige Dachdeckerlehrling Florian verlieben sich ineinander. Claudia vertraut sich ihm an. Sie weiß nicht, wer der Vater ist. Florian versteht, dass sie die Umstände, die zur Schwangerschaft geführt haben, nicht offenbaren will. Die beiden kommen auf die Idee, dass Florian einfach die Vaterschaft für Eva anerkennt.

Nun ist Florian vor einem Jahr u. a. wegen fahrlässiger Tötung nach § 222 StGB, §§ 1, 105 JGG zu einer Jugendstrafe von 10 Monaten auf Bewährung verurteilt worden. Der Verurteilung liegt zu Grunde, dass Florian einen Verkehrsunfall verschuldete, bei dem seine damals 17-jährige Freundin tödlich verunglückte. Er sollte sie nach einem Fest, bei dem Alkohol getrunken wurde, unbedingt nach Hause fahren. Da er kein Fahrzeug hatte, lieh ihm jemand aus seiner Clique sein Motorrad. Die beiden fuhren ohne Sturzhelm los. Florian hatte Spaß am Fahren und fuhr mindestens mit 60 km/h in der Stadt. In einer Kreuzung, in die er einfuhr, ohne die Geschwindigkeit zu mindern, übersah er ein von rechts kommendes Auto. Beim Zusammenstoß wurden Florian und seine Freundin vom Motorrad geschleudert. Die Freundin erlitt schwere Kopfverletzungen und starb. Im Bewährungsbeschluss wurde die Bewährungszeit auf zwei Jahre festgesetzt.

Florian wendet sich an seinen Bewährungshelfer, erzählt ihm von Claudia und will wissen, ob er seine Bewährung riskiert, wenn er die Vaterschaft anerkennt. Er stellt sich vor, mit Claudia und Eva zusammenzuziehen, wenn er seine Gesellenprüfung gemacht hat. Er hofft, dass er und Claudia heiraten. Es erscheint ihm jedenfalls als gute Tat, Evas Vater zu werden.

7. Welche Funktion und Aufgabe hat die Bewährungshilfe?
(8 Pkt.)

Der Bewährungshelfer klärt Florian auf, dass es keine Straftat, keine Personenstandsfälschung, § 169 StGB, ist, wenn er eine Vaterschaft anerkennt, ohne Vater zu sein. Er hat aber den Eindruck, dass sich Florian nicht damit auseinander setzt, welche Folgen das für ihn hat. Der Bewährungshelfer möchte die Vaterschaftsanerkennung verhindern, will dies aber so direkt Florian nicht sagen. Er beabsichtigt, sich mit dem Jugendamt und den Eltern von Claudia in Verbindung zu setzen.

8. Beurteilen Sie die Absicht des Bewährungshelfers. (12 Pkt.)

Florian überlegt hin und her. Besser als eine Vaterschaftsanerkennung erscheint ihm, sofort zu heiraten. Da passiert es, dass er ein paar Tage später während der Arbeit vom Dach stürzt und zahlreiche Knochenbrüche erleidet. Florian ist im dritten Lehrjahr. Als ihm eröffnet wird, dass er mindestens für die nächsten zwei Jahre erwerbsunfähig sein wird, bricht für ihn eine Welt zusammen. Er muss sich um sich kümmern.

9. Welche Ansprüche gegen Sozialversicherungsträger hat Florian? (15 Pkt.)

Den Lösungsvorschlag finden Sie auf Seite 106 ff.

3. Aufgabe 10: Hermann und Freia

Arbeitszeit:	180 Minuten
Hilfsmittel:	Gesetzessammlung, Schema zur Berechnung der Sozialhilfe, Düsseldorfer Tabelle

Frau Freia (F), Steuergehilfin, 43 Jahre, und Herr Hermann (H), Kaufmann, 46 Jahre, leben seit 15 Jahren zusammen und haben zwei gemeinsame Kinder, Tochter Beatrix, 16 Jahre, Schülerin, und Sohn Claudio, 13 Jahre, Schüler. In der Familie lebt noch der Sohn Alexander, 20 Jahre, aus der ersten Ehe von F mit E. Die Familie lebte bis vor drei Jahren in sehr guten wirtschaftlichen Verhältnissen aus dem Einkommen von H als selbstständiger Kfz-Händler und dem Einkommen von F als teilzeitangestellte Steuergehilfin. Da F Witwe ist, erhält sie seit dem Tod von E außerdem 1200,– DM/614,– EUR Witwenrente und A 700,– DM/358,– EUR Waisenrente.

1. Welche Unterhaltspflichten haben F und H gegenüber wem? Woraus leiten sich diese Unterhaltspflichten ab?

Ca. 10 Min./6 Pkt.

Vor drei Jahren hatte Hermann einen schweren, privaten selbstver-schuldeten Verkehrsunfall. Er ist seitdem querschnittsgelähmt und erwerbsunfähig. Er hat kein Einkommen mehr und erhält weder eine private noch eine gesetzliche Rente wegen Erwerbsunfähigkeit. H nimmt alle ihm zustehenden Sachleistungen aus der Pflegeversiche-rung in Anspruch, braucht aber daneben noch Hilfe durch F. Sie redu-zierte deshalb ihre Arbeit weiter und verdient monatlich netto (nach Abzug von Lohn- und Kirchensteuer und Sozialversicherungen) nur noch 1600,– DM/818,– EUR. Nach Abzug der Fahrtkosten zur Arbeit verbleiben ihr 1500,– DM/767,– EUR.

Abgesehen von seinem Haus (6 Zimmer, Küche, Bad, Keller), in dem die Familie angemessen lebt, hat H nichts mehr von dem Vermögen, das er nach dem Tod seiner Eltern geerbt und während der Zeit seiner Erwerbstätigkeit erworben hatte. Er verbrauchte es in erster Linie für die Regressleistungen, die er an die Kfz-Versicherung zu zahlen hatte und die Abwicklung seines Geschäftes.

Der Beitrag von H zum Unterhalt der Familie besteht im mietfreien Wohnen der Familie in seinem Haus. Ansonsten unterhält F die Fami-lie von ihrem Einkommen und bestreitet alle Kosten:

- Klavierunterricht für B monatlich 160,– DM/82,– EUR

- Sportverein für C monatlich 15,– DM/8,– EUR

- Heizkosten, monatlich 150,– DM/77,– EUR

- Nebenkosten des Wohnens (Müllabfuhr usw.) 80,– DM/41,– EUR

- die Hausrat- und Haftpflichtversicherung, monatlich 40,– DM/20,– EUR

- für H die Grundsteuer, monatlich 100,– DM/51,– EUR

- seine freiwillige Krankenversicherung 213,– DM/109,– EUR monatlich.

Als Alexander nach dem Abitur Zivildienst leistet, verengt sich die wirt-schaftliche Situation, weil Waisenrente und Kindergeld für A wegfal-len. A erhält einen Sold von 400,– DM/205,– EUR und in seiner Dienststelle Frühstück, Mittag- und Abendessen. A lebt weiter zu Hause, bekommt aber keinen Zuschuss zum Wohnen. Die Mutter wendet monatlich ca. 300,– DM/153,– EUR für A auf.

**2 a) Hat H Anspruch auf laufende Leistungen
zum Lebensunterhalt?**   18 Pkt.

**b) Hat H Anspruch auf Übernahme
seiner Krankenversicherungsbeiträge?**   6 Pkt.

**c) Überprüfen Sie das von Ihnen gefundene
Ergebnis auf seine Billigkeit.**   2 a, b, c ca. 40 Min./10 Pkt.

Hermann ist sprachbegabt und beherrscht die englische und die russische Sprache. Er will umschulen und findet eine Möglichkeit, sich in einem Fernstudium von acht Semestern zum Diplomübersetzer auszubilden. Er braucht dazu einen Computer, Bildschirm, Laserdrucker sowie kompletten Anschluss ans Internet, Anschaffungskosten 6000,–, DM/ 3068,– EUR, laufende Unterhaltskosten nach Anfall. H beantragt beim Sozialamt die Übernahme der Kosten. Das Sozialamt lehnt die Übernahme der Kosten mit der Begründung ab, dass H mit Übersetzungen nicht so viel Einkommen erzielen könne, dass er davon seinen Lebensunterhalt bestreiten könne.

3. Hat ein Widerspruch des H Aussicht auf Erfolg?
                            Ca. 20 Min./18 Pkt.

Hermann spricht seit dem Ablehnungsbescheid nicht mehr. Alexander will H helfen. Da er kein Geld hat, bespricht er sich mit Claudio und die beiden schaffen es, in verschiedenen Läden neben Dingen, die A jeweils bezahlt, einen Laptop und Software unbezahlt mitzunehmen. Sie verstecken die Sachen in einem ausrangierten Koffer im Keller. Bei einer weiteren Aktion, bei der A den Verkäufer in ein Gespräch verwickelt, während C einen ausgestellten Drucker in die Reisetasche des A packen soll, wird C von einem Kunden beobachtet. Der Verkäufer ruft die Polizei, die A und C mit auf das Revier nimmt. Beide machen wie abgesprochen nur Angaben zur Person, nicht zur Sache. Da die Mutter von C nicht erreichbar ist, darf C mit A nach Hause gehen. Die beiden erzählen zu Hause nichts. Die Polizei leitet die Strafanzeigen gegen A und C an die Staatsanwaltschaft weiter.

4. Was wird aus dem Ermittlungsverfahren gegen C?

Ca. 5 Min./4 Pkt.

Alexander kennt das Jugendgericht. Er war dort mit 16 Jahren wegen des Besitzes von 10 g Haschisch. Er war dort mit 18 Jahren wegen Umfahrens eines Straßenschildes und wurde wegen Sachbeschädigung und unerlaubten Entfernens vom Unfallort verwarnt und zur Zahlung von 1000,– DM/511,– EUR an die Verkehrswacht verurteilt. Er erhält nun die Anklage der Staatsanwaltschaft wegen Diebstahles eines Druckers. Gleichzeitig bekommt die zuständige Jugendgerichtshilfe die Anklageschrift.

Die Jugendgerichtshelferin nimmt Kontakt mit A auf und im Einverständnis mit A auch mit F und H. A erzählt, dass er nach dem Zivildienst Elektrotechnik studieren wolle und in seiner Freizeit in einer Band Trompete spiele. Die Mutter erklärt, dass A neben dem Zivildienst nicht arbeiten könne, denn sie braucht ihn als Hausaufgabenhilfe für die Geschwister und als Hilfe, insbesondere als Fahrdienst für H. Zur Tat selbst macht A keine Angaben. F und H können sich die Tat nicht erklären, schließen aber Geldbeschaffung für den Erwerb von Drogen aus. Die Jugendgerichtshelferin möchte gerne wissen, warum A und C den Drucker gestohlen haben.

5. Darf sie Ermittlungen über die Hintergründe der Tat anstellen und sich z. B. mit C unterhalten oder in der Zivildienststelle nach A erkundigen? Ca. 10 Min./8 Pkt.

Die Jugendgerichtshelferin erstellt ihren Bericht.

6. a) Behandeln Sie bitte im Bericht die Anwendung des Jugendstrafrechts, schlagen Sie eine Maßnahme vor und begründen Sie Ihren Vorschlag rechtlich und sozialpädagogisch.

b) Würde sich Ihr Vorschlag verändern, falls Ihnen A all seine Taten vollständig erzählt hätte?

6 a, b ca. 30 Min./6 Pkt.

Zwischen F und H gibt es Auseinandersetzungen, seit sie von dem Diebstahl des Druckers wissen. H macht A und F Vorwürfe. Für H macht der kleine Bruder nur deshalb alles, was der große Bruder verlangt, weil der Vater kein Sorgerecht für C hat. Er will das gemeinsame Sorgerecht.

7. Kann H zum gemeinsamen Sorgerecht kommen, wenn F nicht damit einverstanden ist? Ca. 5 Min./4 Pkt.

Freia ist wütend auf ihre Söhne. C hat Angst. Er träumt von Hausdurchsuchungen, der Entdeckung des Laptops und von A im Gefängnis. Er hält es nicht mehr aus und geht allein in die Beratungsstelle des Jugendamtes. Dort erzählt er, dass er und A nicht nur den Drucker gestohlen haben. Er will, dass niemand von dem Gespräch erfährt und will nur wissen, ob er die Sachen bringen kann, damit sie die Beraterin ohne Aufdeckung von A zurückbringe.

8. Sie sind SozialarbeiterIn im Jugendamt. Was machen Sie? Ca. 10 Min./12 Pkt.

In dem Trubel in der Familie ging Beatrix ihrer eigenen Wege. Sie verliebt sich in Manfred. Weil die Familie keinen Urlaub machen kann, lädt er sie ein, mit ihm in den Ferien wegzufahren. F erlaubt es nicht. B bietet an, die Pille zu nehmen. F lehnt das als ungesund ab, solange B nicht ausgewachsen sei. B fährt nicht weg, M auch nicht. Es kommt zu einem ungeschützten Geschlechtsverkehr. B wird nicht schwanger. Aber sie sucht eine Schwangerschaftskonfliktberatungsstelle auf und bittet um Beratung und Aufklärung über Verhütung. Die Beraterin schickt sie weg mit der Begründung, dass dies Sache ihrer Mutter sei.

9. Wie ist die Rechtslage? Ca. 10 Min./10 Pkt.

Bearbeitungshinweis: Regelsatz Haushaltsvorstand 540,– DM/ 276,– EUR.

Den Lösungsvorschlag finden Sie auf Seite 111 ff.

Mit diesen drei Aufgaben beende ich das Thema Vordiplom. Die folgende Aufgabe in Kapitel 5 (s. S. 77 ff.) zeigt, welche Erwartungen an Souveränität im Umgang mit Recht in der Sozialen Arbeit an Studierende nach dem Hauptstudium gestellt werden.

Prüfungstyp: Strukturierung als Prüfungsleistung

5

Aufgabe 11: Sozialer Brennpunkt[18]

Hilfsmittel:	Gesetzestexte, Düsseldorfer Tabelle, Schema des deutschen Vereins zur Berechnung der Sozialhilfe

Die personelle Zuständigkeit im ASD für den sozialen Brennpunkt in B-Stadt hat sich geändert. Die neue Sozialarbeiterin G besucht die ihr aus der Akte bekannten Problemfamilien, darunter die der seit 1990 geschiedenen Frau A, rumänische Staatsangehörige mit jeweils auf drei Jahre befristet verlängerter Aufenthaltserlaubnis. G hat sich zur Vorbereitung aus der Akte den anliegenden Aktenauszug gefertigt.

Im Gespräch mit A erfährt G, dass A fix und fertig ist, weil sie sich seit der Geburt von K von Gerichten (Vaterschaftsanfechtung, Scheidung, Sorgerechtsverfahren) und Behörden (Schule, Jugendamt, Sozialamt) verfolgt sieht. Ständig werde sie oder K zu Gericht, zum Jugendamt oder zu einem Sachverständigen zitiert. Dem Sozialamt reiche nicht, dass sie arbeitslos gemeldet sei und vom Arbeitsamt nicht vermittelt werde. Es verlange, dass sie sich zusätzlich um irgendeine Arbeit bemühe. Aber in B-Stadt stelle niemand eine ungelernte, langzeitarbeitslose Alleinerziehende als Verkäuferin ein. Und sie könne auch gar nicht arbeiten, weil sie niemanden für K habe, nicht einmal eine Schule, in der er verlässlich einen halben Tag untergebracht sei. Ständig müsse sie mit jedem Pfennig rechnen, wegen Kleinigkeiten Anträge beim Sozialamt stellen, immer habe sie Schulprobleme, nie einen Urlaub, nie kinderfrei. Die Ferienangebote des Jugendamtes könne sie nicht wahrnehmen. K werde ja doch nach einem Tag wieder nach Hause geschickt. K nehme sie so in Anspruch, dass die Tochter S zu kurz komme. Sie habe eine Weile sozialpädagogische Familienhilfe bekommen. Aber wirklich geholfen worden sei ihr noch nie, weil sie und die Kinder nicht bekommen könnten, was sie wirklich brauchen, eine gute Schul- und Berufsausbildung, eine ordentliche Wohnung in einer guten Wohngegend, mehr Geld zum Leben und Väter mit Verantwortungsgefühl. Sie habe letzte Woche in einem anderen Stadt-

---

[18] WS 1998/99

viertel eine 4-Zimmer-Wohnung gefunden. Der Vermieter würde ihr die Wohnung geben, obwohl sie alleinerziehende Sozialhilfeempfängerin sei. Das Sozialamt übernehme aber die Miete nicht, weil ihr höchstens eine 3-Zimmer-Küche-Wohnung zustehe und weil die Miete um 250,– DM/128,– EUR über der angemessenen Miete liege.

Aktenauszug:

A hat 1982 den Deutschen M geheiratet. 1985 wurde die Tochter S geboren. 1988 trennte sie sich von M und zog mit S in die 2-Zimmer-Wohnküche-Wohnung in B-Stadt. 1989 kam der Sohn K auf die Welt. Die beiden Kinder haben seitdem ein gemeinsames Kinderzimmer.

M focht die Vaterschaft für K erfolgreich an und reichte die Scheidung ein. Mit der Scheidung 1991 wurde A das Sorgerecht für S übertragen. M verpflichtete sich in einem vollstreckbaren Unterhaltstitel, für S einen Unterhalt von 360,– DM abzüglich anteiliges Kindergeld zu zahlen (Gruppe 3 der DüTa 1989, 2. Altersstufe, Einkommen 2400,– DM bis 2800,– DM). Der Ehegattenunterhalt wurde nicht geregelt. M zahlt noch immer nur den titulierten Betrag abzüglich halbes Kindergeld für S an A. Für A zahlte und zahlt er nichts.

K ist rumänischer Staatsangehöriger. Als Vater von K benannte A 1992 V, rumänischer Staatsangehöriger. Er musste mittlerweile Deutschland verlassen und nach Rumänien zurückkehren. Er hat die Vaterschaft bisher nicht anerkannt. Sie wurde auch nicht gerichtlich festgestellt.

Als K durch den Diebstahl eines Spielzeugautos im Februar 1995 auffiel, stellte der ASD fest, dass er unzureichend betreut und verwahrlost war. Das Jugendamt beantragte im April 1995 beim Vormundschaftsgericht, A das Sorgerecht für K für die Bereiche „Aufenthaltsbestimmung, Zuführung zur ärztlichen und therapeutischen Maßnahmen und Erziehungshilfen" zu entziehen. Zu einem Sorgerechtsentzug kam es bis heute nicht, obwohl immer wieder

Termine bei Gericht stattfanden und bekannt ist, dass K sieben Mal wegen Diebstahls angezeigt wurde, immer wieder Schulkinder bedrohte oder schlug, streunte und Schule schwänzte. Es kam nicht zum Entzug, weil A immer mit den vorgeschlagenen Maßnahmen des Jugendamtes (z. B. Sozialpädagogische Familienhilfe, Unterbringung von K im Kinderheim, Begutachtung von K) einverstanden war. Entweder riss K aus den Heimen aus oder sie schickten ihn von sich aus zu A zurück. Mittlerweile ist K in seinem sechsten Schuljahr, aber erst in der dritten Klasse Förderschule. Aufgrund der Gutachten bestehen an seiner Intelligenz keine Zweifel. Dennoch sind seine Chancen, im Herbst in die vierte Klasse zu kommen, gering, weil er die ersten Monate des Schuljahres nur zwei Schulstunden täglich erhielt und seit drei Monaten nur vier Wochenstunden Einzelbeschulung. Das Schulamt hat ihn wegen verhaltensbedingter Schulunfähigkeit von der Teilnahme am Regelschulunterricht befreit. A hat dies hingenommen. K treibt sich die meiste Zeit herum.

S hat die Hauptschule nach der 9. Klasse ohne Abschluss verlassen und bisher weder eine Ausbildungsstelle noch eine Arbeitsstelle.

Die Eltern und Geschwister der A leben in Bukarest. Es besteht wenig Kontakt, weil A nicht will, dass sie zu Besuch kommen.

M ist in Z-Stadt. Weder er noch seine Familie haben Kontakt mit S.

A, die bis zur Geburt von S als Aushilfsverkäuferin in Boutiquen gejobbt hat, hat kein eigenes Einkommen. Sie und die Kinder beziehen seit 1990 Sozialhilfe.

Aufgabe:

1. **Ordnen Sie den Sachverhalt und benennen Sie die Gesetze, die Sie bei der genaueren Bearbeitung der Probleme zu Rate ziehen würden.** 20 Pkt.

2. **Ziel von G ist, die Sozialhilfe für die Familie, wenigstens für A selbst zu streichen.**

   a) **Muss sich das Sozialamt um die Beendigung der Langzeitarbeitslosigkeit von A kümmern?**

b) Hindert K A an einer Erwerbstätigkeit?

c) Gibt es andere Möglichkeiten, das Einkommen
der Familie zu erhöhen?   40 Pkt.

3. Ziel von G ist, das Sorgerechtsentzugsverfahren
gegen A zu beenden.

a) Hilft ein Entzug des Sorgerechts
für die beantragten Angelegenheiten der Gefährdung
von K ab?

b) Würde sich das Verfahren durch Rücknahme des
Antrages erledigen?

c) Welche Maßnahme könnte der Gefährdung von K
abhelfen?   30 Pkt.

4. Ziel von G ist, die Wohnungssituation zu verbessern.
Was spricht für, was gegen die Entscheidung
des Sozialamtes?   10 Pkt.

Erarbeiten Sie eine Lösung, unbeeinflusst von einer Lösungsskizze. Arbeiten Sie so lange, bis Ihnen Ihre Lösung gefällt.

Bewertungskriterien

6

1. Formale Bewertungskriterien

Die erste Frage ist, wie viel muss von einer Arbeit vorhanden sein, um die oder die Note zu bekommen. Vom Abitur her ist der Schlüssel bekannt:

- 1 = ab 85 %
- 2 = ab 70 %
- 3 = ab 55 %
- 4 = ab 40 %

Jede Note wird gleichwertig als volle Note behandelt.

Auch an Fachhochschulen gibt es die Noten „eins" bis „vier". Aber sie gelten nicht als vier volle Noten. Der Grund ist einfach: „Eins" ist nur eine halbe Note, geht von 1 bis 1,5. „Zwei" und „drei" sind ganze Noten von 1,6 bis 2,5 bzw. 2,6 bis 3,5. „Vier" ist eine halbe Note, von 3,5 bis 4,0. Bei 4,1 geht die „fünf" schon los. Sie hat keine Grenze. Es ergibt sich folgende Verteilung:

- 1 = ab 92,5 %
- 2 = ab 77,5 %
- 3 = ab 62,5 %
- 4 = ab 47,5 %

Weil das zu kompliziert ist, wird aufgerundet:

- 1 = ab 95 %
- 2 = ab 80 %
- 3 = ab 65 %
- 4 = ab 50 %

Nicht so strenge PrüferInnen runden wie folgt ab:

- 1 = ab 90 %
- 2 = ab 75 %
- 3 = ab 60 %
- 4 = ab 45 %

Wer sich nicht der Meinung anschließt, dass „eins" nur eine halbe Note ist, aber „vier" einen geringeren Umfang zuweist, verteilt:

- 1 = ab 85 %
- 2 = ab 70 %
- 3 = ab 55 %
- 4 = ab 47 %

Dazwischen gibt es jede Menge Abwandlungen. Deshalb ist es wichtig, sich nach dem Bewertungsschlüssel zu erkundigen. Der Bewertungsschlüssel ist die Entscheidung der PrüferInnen. Er muss bei einer Prüfung für alle Teilnehmenden gleich sein.

Werden Punkte verteilt, ist der Schlüssel umzurechnen. Beispiel der Bewertung der Aufgabe 10 mit 120 Punkten:

Notenschlüssel: 120 − 105 = 1; 104 − 85 = 2; 84 − 65 = 3; 64 − 55 = 4; ergibt

1 ab 87 %, 2 ab 70 %, 3 ab 54 %, 4 ab 46 %

Die Bewertung orientiert sich an der jeweiligen Prüfung. Aus diesem Grunde gab es bei der Aufgabe 8 bei gleicher Punktzahl einen anderen Notenschlüssel. Das ist nicht ungerecht gegenüber den Prüflingen der Aufgabe 10, sondern gerecht gegenüber denen der Aufgabe 8.

Punkte haben den Vorteil einer leichteren Überprüfung der Bewertung. Aber es ist die Entscheidung der PrüferInnen, ob sie ihren Noten Punkte zugrunde legen oder andere Gesichtspunkte. Wichtig ist nur, dass die Prüflinge gleich behandelt werden.

2. Inhaltliche Bewertungskriterien

Gleich, ob Punkte oder andere Gesichtspunkte, ist es entscheidend, wann es einen oder keinen Punkt, wann es ein Plus oder ein Minus, eine gute oder schlechte Note gibt.

Wichtiger als der Notenschlüssel sind die Bewertungskriterien. Sie sind oben dargestellt bei den Erwartungen an Prüflinge. Geprüft wird Wissen, Umsetzung, Verständnis und Erkenntnis von Zusammenhängen. In der einzelnen Prüfung konkretisiert sich das dann. Erwartet wird bei Aufgabe 5 z. B. Kenntnis des Unterhaltsrechts, eine Unterhaltsberechnung, das Verstehen der Folgen der eigenen Berechnung und das Sehen des Zusammenhangs mit Sozialhilfe.

Nun wissen die Prüflinge zum Prüfungszeitpunkt viel, mehr als die PrüferInnen. Aber es zählt nur das Wissen, das in der Prüfung gefragt wird. Zu den Problemen von nicht so guten Arbeiten zählt, dass zu viel nicht Verlangtes geschrieben wird. In der Regel führt das nicht zu einer Abwertung, selbst dann nicht, wenn Fehler enthalten sind. Aber es bringt nichts und kostet Zeit.

Als Einschätzungshilfe enthalten die Prüfungsaufgaben in diesem Buch Zeitangaben. Eine Aufgabe mit einer Zeitvorgabe von fünf Minuten braucht keine zwei Seiten für die Beantwortung.

3. Überprüfung der Bewertung

Nicht alle Studierenden sind mit der Bewertung ihrer Arbeit zufrieden. Eine Prüfungsnote ist ein Verwaltungsakt, § 35 VwVfG. Soweit keine Sonderregelungen in speziellen Gesetzen und Verordnungen vorgesehen sind, hier den Hochschulgesetzen oder den Studien- und Prüfungsordnungen, gelten die allgemeinen Regeln für Verwaltungsakte jedenfalls ab der Bekanntgabe der Note. Eine Note muss schriftlich begründet sein. Das geschieht durch die Korrektur und die Bewertung. Gegen die Bewertung kann mit allen formlosen und förmlichen Rechtsbehelfen, die es gegen Verwaltungsakte gibt, vorgegangen werden.

3.1 Einsichtsrecht

Der erste Schritt sollte die Akteneinsicht sein. Die Prüfungsordnungen regeln die Einsicht. In Bayern z. B.:

§ 13 Bay. Rahmenprüfungsordnung

Ein Student kann nach Feststellung des Prüfungsergebnisses Einsicht in seine bewerteten schriftlichen Prüfungsleistungen nehmen.

Bei der Einsichtnahme soll der Prüfer anwesend sein.

Der Prüfungsausschuss regelt Art, Ort und Zeit der Einsichtnahme; er kann eine angemessene Frist setzen, nach deren Ablauf Einsicht nicht mehr gewährt wird.

Die Einsichtnahme berechtigt nicht zur Anfertigung von Ablichtungen und Abschriften.

Die Prüfungseinsicht ist ein verwaltungsinternes Kontrollverfahren. Sie dient dazu, dass die Studierenden qualifizierte Einreden gegen die Bewertung vorbringen.

Ist durch Einsicht in die eigene Prüfung die Bewertung nachvollziehbar, ist der Fall erledigt.

Ergeben sich offenkundige Bewertungsfehler, z. B. Punkte falsch zusammengezählt, Gesamtnote falsch aus Teilnoten errechnet, Teile der Arbeit übersehen usw., sind die PrüferInnen im Wege der Gegenvorstellung zu bitten, die Note zu überprüfen.

Solche Bewertungsmängel werden in der Regel unproblematisch behoben. Der Verwaltungsakt „falsche Note" wird zurückgenommen und ein neuer erlassen, wenn die Rüge der Note berechtigt war. Schwieriger ist es, wenn die Bewertung von den Studierenden als inhaltlich nicht nachvollziehbar erachtet wird. Dann müssen die Studierenden nachfragen.

- Was ist an der Lösung, der Antwort falsch?
- Warum gibt es auf dies oder das keinen Punkt?
- Was waren die Bewertungskriterien?

Sinn und Zweck der Anwesenheit der PrüferInnen bei der Einsichtnahme ist, diese Fragen zu beantworten. Aufzudecken ist, welche Antwort, welche Lösung erwartet wurde. Das kann mündlich passieren oder durch Aushändigung der Lösungsskizze. Halten die Studierenden ihre Lösung weiterhin für richtig, jedenfalls für vertretbar, und die PrüferInnen ihre Bewertung ebenso, wird ein Teil der PrüferInnen den Studierenden eine Kopie ihrer Prüfung oder jedenfalls des streitigen Teils aushändigen. Die Einsichtnahme berechtigt zwar die Studierenden nicht zur Anfertigung von Ablichtungen, aber den PrüferInnen ist es erlaubt, sie ihnen auszuhändigen. Das ist der einfachste Weg, den Studierenden zu ihren qualifizierten Einreden zu verhelfen. Ein Teil der PrüferInnen gibt, mit dem Hinweis, dass Studierende kein Recht auf Ablichtungen oder Abschriften haben, keine Kopien heraus. Diese Entscheidung ist hinzunehmen. In diesem Fall müssen sich die Studierenden Notizen machen, um zu einer qualifizierten Einrede zu kommen.

Bewertungskriterien

Zu notieren sind

- die Aufgabe,

- die Lösung oder Antwort und

- die Erklärung der PrüferIn, was als richtige Lösung oder Antwort erwartet wurde.

3.2 Gegenvorstellung

Soweit qualifizierte Einreden nicht gleich bei der Prüfungseinsicht gegenüber der PrüferIn angebracht werden können, empfiehlt sich eine schriftliche Gegenvorstellung mit der Bitte um Überprüfung der Note. Die Gegenvorstellung ist ein formloser Rechtsbehelf. Er wird entweder vorbeschieden mit der Änderung der Note oder mit der Erklärung, dass die Überprüfung nicht zur einer Änderung geführt hat.

Ein Recht auf eine Nachkorrektur der Arbeit durch eine andere PrüferIn gibt es nicht, weder durch eine PrüferIn an der eigenen Hochschule, noch – falls keine weitere Fachkraft vorhanden ist – durch eine PrüferIn einer fremden Hochschule. Wer mit dem Ergebnis der Gegenvorstellung nicht zufrieden ist, kann in den Fällen, in denen eine Zweitkorrektur vorgenommen wurde, seine Gegenvorstellung der Zweitkorrektur vortragen. Die Bewertung durch die ZweitkorrektorIn hat den gleichen Wert wie die durch die PrüferIn. Auch die ZweitkorrektorIn hat die Möglichkeit, ihre Bewertung zu überprüfen.

3.3 Widerspruch

Führt das formlose Verfahren nicht zu einer Änderung und ist der Studierende nach wie vor überzeugt, dass seine Leistung falsch bewertet ist, ist Widerspruch einzulegen. Da Noten in der Regel nicht mit Rechtsbehelfsbelehrung bekannt gegeben werden, beträgt die Widerspruchsfrist ein Jahr.

Im Widerspruch sind die qualifizierten Einreden erneut darzulegen. Der Widerspruch richtet sich gegen die Hochschule. Zuständig ist der Prüfungsausschuss.

Abhilfe

Zur Entscheidung, ob abgeholfen wird oder nicht, holt der Prüfungsausschuss die Stellungnahme der prüfenden Personen ein. Er kann
auch andere Ermittlungen durchführen. Falls er nicht abhilft, legt er
die Akte der Verwaltung vor.

Widerspruchsbescheid

Der Widerspruchsbescheid wird nicht vom Prüfungsausschuss erlassen, sondern von der Hochschule, vertreten durch den Kanzler.
Bevor der Bescheid erlassen wird, setzt sich die Hochschule in der
Regel mit der/dem Studierenden in Verbindung, macht sie/ihn darauf
aufmerksam, dass der Bescheid 100,– DM/51,– EUR kostet, und gibt
Gelegenheit, zu überdenken, ob der Widerspruch aufrechterhalten
wird.

Der Widerspruchsbescheid wird rechtskräftig, falls nicht binnen vier
Wochen geklagt wird.

3.4 Klage

Die Klage richtet sich gegen die Hochschule, Körperschaft des öffent-
lichen Rechts, vertreten durch den Kanzler. Die Klage ist beim Verwaltungsgericht einzulegen.

Zum Inhalt des Verfahrens: Das Verwaltungsgericht ist keine PrüferIn.
Es hat in den Fällen eines Streits um die inhaltliche Bewertung einer
Prüfungsleistung nicht die Funktion einer Nachkorrektur, die die „rich-
tige" Note gibt. Es überprüft nur, ob der Spielraum für die Beurteilung
fehlerhaft gehandhabt wurde, z. B. weil die Lösung zwar nicht der
Lösungsskizze entspricht, aber wissenschaftlich vertretbar ist, oder
wegen der Art und Weise der Fragestellung auch eine mögliche
Lösung ist.

Ergeht ein entsprechendes Urteil, ist die Hochschule bzw. die PrüferIn
verpflichtet, die Prüfungsleistung unter Berücksichtigung des fest-
gestellten Beurteilungsspielraums neu zu bewerten.

Bewertungskriterien

Die PrüferIn bewertet neu. Der/Die Studierende ist erneut nicht einverstanden, weil sie die Note nicht ändert. Weiter siehe oben 3. (Seite 86).

Allen Studierenden wünsche ich wenig Ärger mit Bewertungen und ein erfolgreiches Studium.

Lösungsskizzen

1. Aufgabe 5: Unterhalt und Sozialhilfe

1. Das Verhältnis des Unterhaltsanspruchs von Erstfrau und Zweitfrau ist in § 1582 BGB wie folgt geregelt:

   Wenn der Unterhaltspflichtige (Adam) nicht allen Unterhaltsberechtigten ohne Gefährdung seines eigenen angemessenen Unterhalts Unterhalt zahlen kann, geht der geschiedene Ehegatte (Friederike) einem neuen Ehegatten vor, wenn dieser, wäre er geschieden, keinen Geschiedenenunterhalt bekäme. Bekäme der neue Ehegatte (Berta) Geschiedenenunterhalt, geht der geschiedene Ehegatte trotzdem vor, wenn er Unterhalt nach § 1570 oder § 1579 BGB erhält oder die Ehe von langer Dauer war.

   Auswirkungen der Rangregelung auf den Unterhalt von Friederike und Berta:

   Friederike geht nach § 1582 Satz 1 BGB nicht vor, weil Berta Unterhalt nach § 1570 BGB bekäme, denn Berta betreut Claudia, 4 Jahre. Weil aber auch Friederike Unterhalt nach § 1570 bekommt, weil sie Eva, 6 Jahre, betreut, geht Friederike dann, wenn das Geld von Adam nicht für beide reicht, Berta vor.

2. Berechnung des Unterhalts der ersten Ehefrau Friederike:

   a) Einkommen Adam

Laut Sachverhalt monatliches bereinigtes Nettoeinkommen	6500,– DM	3323,– EUR
Nicht berücksichtigt Werbungskosten bei abhängiger Beschäftigung DüTa 5 % höchstens 290,– DM/148,–[19] EUR oder Nachweis Budgetplan Berufshaftpflicht 10,– DM/5,– EUR, Verbandsbeitrag 10,– DM/5,– EUR, Fahrtkosten 150,– DM/77,– EUR, Zeitschriften, nicht aufgeschlüsselt, also Abzüglich	290,– DM	148,– EUR
Verbleiben	6210,– DM	3175,– EUR

---

[19] Umrechnung des DM-Betrages in Euro ergibt diesen Wert. Die Düsseldorfer Tabelle ab 1.1.2002 rundet auf 150,– EUR auf.

b) Kindesunterhalt

6210,– DM/3175,– EUR ist Gruppe 9 der DüTa. Die Tabellenwerte gelten für Unterhaltspflichten gegenüber einem Elternteil und zwei Kindern. Adam hat Unterhaltspflichten gegenüber zwei Elternteilen und zwei Kindern. Herabstufung? Vertretbar. Da die Kindesunterhaltsbeträge in dieser Gruppe den Bedarf der Kinder nicht decken, auch vertretbar, es dabei zu belassen.

Eva 6 Jahre	711,– DM	364,–[20] EUR
Mehrbedarf von Eva wegen Erkrankung, nicht im Tabellenwert enthalten	100,– DM	51,– EUR
Claudia 4 Jahre	586,– DM	300,–[21] EUR
Zusammen	1397,– DM	715,– EUR
Verbleiben	4813,– DM	2460,– EUR

Häufiger Fehler: Der Unterhalt für Donald darf nicht leistungsmindernd berücksichtigt werden. Adam leistet zwar den Unterhalt für dieses Kind, aber er ist nicht unterhaltspflichtig. Sein für den Unterhalt von Friederike zur Verfügung stehendes Einkommen kann deshalb nicht um diesen Betrag gekürzt werden.

c) Geschiedenenunterhalt für Friederike

Grundsatz: Einkommen des Adam abzüglich Einkommen der Friederike; 3/7 der Differenz ist Unterhaltslast.

Frage hier: Kann das Einsatzeinkommen des Adam für die Berechnung des Ehegattenunterhalts noch reduziert werden?

Übernahme der Schuldtilgung für Berta? Dafür spricht trennungsbedingter Mehrbedarf von Adam, dagegen dass Berta den Kredit aufgenommen hat, beides vertretbar		
Abzüglich	300,– DM/ 153,– EUR	0,– DM/ 0,– EUR

---

[20] Umrechnung des DM-Betrages in Euro ergibt diesen Wert. Die Düsseldorfer Tabelle ab 1.1.2002 rundet auf 365,– EUR auf.
[21] Umrechnung des DM-Betrages in Euro ergibt diesen Wert. Die Düsseldorfer Tabelle ab 1.1.2002 rundet auf 301,– EUR auf.

Lösungsskizzen

Enthält der Tabellenbetrag für
Claudia die Kosten für den Kin-
dergarten, Erziehungsbedarf?

M. E. nicht, aber beides vertretbar

Abzüglich	180,– DM/	92,– EUR	0,– DM/	0,– EUR

Einsatzeinkommen für die
Berechnung des Unterhalts

	4333,– DM/2215,– EUR	4813,– DM/2460,– EUR

Einkommen von Friederike
1000,– DM/511,– EUR abzüglich
5 % oder Nachweis, hier
Fahrtkosten 80,– DM/41,– EUR

Abzüglich	920,– DM/ 470,– EUR	
Verbleiben	3413,– DM/1745,– EUR	3893,– DM/1990,– EUR
Davon 3/7	1462,– DM/ 747,– EUR	1668,– DM/ 853,– EUR

Hinweis: Es kommt nicht darauf an, welche Lösung gewählt
wird. Es sind auch die Varianten möglich, nur einen der beiden
Beträge vorweg abzuziehen. Häufiger Fehler ist es, eine Berechnung zu erstellen, ohne eine Begründung abzugeben.

d) Bedarfskontrolle

Check des Betrages, der Adam bleibt, wenn er diese vorrangigen Unterhaltspflichten erfüllt:

4333,– DM – 1462,– DM = 2871,– DM (2215,– EUR – 747,–
EUR = 1468,– EUR) bzw. 4813,– DM – 1668,– DM = 3145,– DM
(2460,– EUR – 853,– EUR = 1607,– EUR)

Der Bedarfskontrollbetrag der Tabelle für Gruppe 9 = 2540,–
DM/1299,– EUR[22] bleibt gewahrt.

Check des Betrages, der Adam bleibt, unter Berücksichtigung
der weiteren Unterhaltspflicht für Berta:
3/7 von 3145,– DM/1608,– EUR = 1347,– DM/689,– EUR
Unterhalt für Berta
verbleiben Adam 1798,– DM/919,– EUR

---

[22] Umrechnung des DM-Betrages in Euro ergibt diesen Wert. Die Düsseldorfer Tabelle ab 1.1.2002
rundet auf 1300,– EUR auf.

94

Mindestselbstbehalt der Tabelle = 1640,– DM/839,– EUR[23] gewahrt.

Ergebnis: Adam hat für Eva nun 811,– DM/415,– EUR abzüglich halbes Kindergeld zu zahlen. Adam hat für Friederike höchstens 1668,– DM/853,– EUR Unterhalt zu zahlen. Friederike bekommt insgesamt höchstens 579,– DM/296,– EUR Unterhalt mehr.

e) Billigkeitsprüfung über gefundene Mittelverteilung für die Erst- und Zweitfamilie:

– Check der Beträge:

Adam hat 1798,– DM/919,– EUR + 135,– DM/69,– EUR Kindergeld Eva + 290,– DM/148,– EUR Werbungskosten = 2223,– DM/1136,– EUR

Berta hat 1347,– DM/689,– EUR

Claudia hat 586,– DM/300,– EUR + 270,– DM/138,– EUR Kindergeld = 856,– DM/438,– EUR

Donald hat 270,– DM/138,– EUR Kindergeld

Eva hat 676,– DM/346,– EUR vom Vater + 270,– DM/138,– EUR Kindergeld = 946,– DM/484,– EUR

Friederike hat 1000,– DM/511,– EUR Einkommen + 1668,– DM/853,– EUR Unterhalt = 2668,– DM/1364,– EUR

– Check des tatsächlichen Betrages, den Adam, Berta und Claudia einerseits und Eva und Friederike andererseits zur Verfügung haben:

Eva und Friederike: zusammen 3614,– DM/1848,– EUR/pro Person 1807,– DM/924,– EUR

Adam, Berta und Claudia: zusammen = 4426,– DM/2262,– EUR/pro Person 1475,– DM/754,– EUR

---

[23] Umrechnung des DM-Betrages in Euro ergibt diesen Wert. Die Düsseldorfer Tabelle ab 1.1.2002 rundet auf 840,– EUR auf.

– Auswirkung der Erkrankung/erhöhten Betreuung von Eva:
Friederikes Familie hat statt bisher 4035,– DM/2063,– EUR
nur noch 3614,– DM/1848,– EUR = 421,– DM/215,– EUR
weniger.

Adams Familie hat statt bisher 5275,– DM/2696,– EUR
(Haushaltsplan) nur noch 4690,– DM/2401,– EUR = 579,–
DM/296,– EUR weniger.

– *Bewertung I:* Die Verteilung ist vertretbar.

Die finanzielle Einschränkung bei Adam ist größer, aber Friederike hat die größere wirtschaftliche Einschränkung durch
die Reduzierung ihrer Erwerbstätigkeit.

Adam hat weniger für sich persönlich zur Verfügung als Friederike. Die Verteilung ist vertretbar, weil sich Friederike nicht
zurechnen lassen muss, dass Adam noch Unterhaltspflichten
gegenüber Berta hat.

Berta hat keinen Anspruch darauf, dass Adam sie von
Erwerbstätigkeit freistellt und den Unterhalt für Donald
übernimmt. Wenn das Geld für die Zweitfamilie nicht reicht,
muss sie wie Friederike erwerbstätig werden.

– *Bewertung II:* Verteilung nicht vertretbar.

Adam wird gegenüber Friederike benachteiligt, weil er wieder geheiratet hat und Berta sein Kind betreut.

Dann muss neu verteilt werden, etwa: 6500,– DM/3323,–
EUR abzüglich angemessener Bedarf des Adam, angenommen mit 2300,– DM/1176,– EUR, verbleiben 4200,– DM/
2147,– EUR, abzüglich Kinder 1500,– DM/767,– EUR, verbleiben 2700,– DM/1380,– EUR, verteilt auf die zwei
Frauen je 1350,– DM/690,– EUR. Dann haben Adam und
Friederike ungefähr das Gleiche = Adam 2300,– DM/
1176,– EUR + 135,– DM/69,– EUR = 2435,– DM/1245,–
EUR und Friederike 1350,– DM/690,– EUR + 1000,– DM/
511,– EUR = 2350,– DM/1201,– EUR

3. Ergänzende Sozialhilfe für Friederike und Eva:

■ Bedarf, Gemeinschaft, § 11 BSHG

– Regelsatz Haushaltsvorstand	550,– DM	281,– EUR
– Mehrbedarf allein erziehend, § 23 Abs. 2 BSHG, 40 %	220,– DM	112,– EUR
– Einmalige Leistungen, § 21 BSHG, pauschal	110,– DM	56,– EUR
– Bedarf Eva, 55 %, § 2 RegelsatzVO	302,– DM	154,– EUR
– Mehrbedarf wegen Erkrankung	100,– DM	51,– EUR
– Einmalige Leistungen, § 21 BSHG, pauschal	60,– DM	31,– EUR
– Wohnungsmiete	1200,– DM	614,– EUR
– Heizung	120,– DM	61,– EUR
– Zusammen	2662,– DM	1360,– EUR

■ Einsatz von Einkommen

– Erwerbseinkommen	1000,– DM	511,– EUR
– Abzüglich:		
Arbeitsmittel, § 3 VO zu § 76 BSHG	10,– DM	5,– EUR
Fahrtkosten, § 72 Abs. 2 Nr. 4 BSHG	80,– DM	41,– EUR
Lebensversicherung, § 76 Abs. 2 Nr. 3 BSHG	100,– DM	51,– EUR
– Hausrat-, Haftpflichtversicherung	30,– DM	15,– EUR
– Verbleiben	780,– DM	399,– EUR
– Abzüglich Arbeitsanreiz, § 76 Abs. 2a Nr. 1 BSHG = 25 % Regelsatz Haushaltsvorstand	137,– DM	70,– EUR
– Verbleiben	642,– DM	329,– EUR

– Abzüglich 15 %. Es bleibt bei
der Höhe des Arbeitsanreizes,
137,– DM + 96,– DM liegen
unter 1/2 Regelsatz Haushalts-

vorstand	96,– DM	49,– EUR
– Verbleiben	546,– DM	280,– EUR
– Zuzüglich:		
Unterhalt	1765,– DM	902,– EUR
Kindergeld	270,– DM	138,– EUR
Zusammen	2580,– DM	1320,– EUR

■ Einsatz von Vermögen

§ 88 Abs. 3 BSHG = Auto nicht, Härte
VO zu § 88 Abs. 2 Nr. 8 BSHG = Sparvertrag nicht, Schonvermögen

■ Offener Bedarf

2662,– DM/1360,– EUR – 2580,– DM/1320,– EUR = 82,– DM/40,– EUR

Ergebnis: Es ergibt sich ein Sozialhilfebedarf von 82,– DM/ 40,– EUR. Bei der Berechnung wurden einmalige Leistungen pauschal mit 170,– DM/87,– EUR berücksichtigt. Laufende Hilfe zum Lebensunterhalt wird deshalb dort nicht gezahlt, wo einmalige Leistungen gesondert beantragt werden müssen. Aber Friederike dürfte einmalige Leistungen erhalten, § 21 Abs. 2 BSHG.

4. Sozialamt und Adam:

Nach § 91 Abs. 1 Satz 1 BSHG geht der Unterhaltsanspruch von Friederike gegen Adam einschließlich des Auskunftsanspruches, § 1605 BGB, auf das Sozialamt über. Adam muss also zumindest Auskunft erteilen. Ob er in Regress genommen werden kann, wird dann nach § 91 Abs. 2 BSHG ermittelt.

5. Möglichkeiten, die Situation der Zweitfamilie zu verbessern. Offene Beantwortung, z. B.:

- Für Berta Erholung – Müttergenesungskur

- Für die Familie Leistungen nach dem KJHG, insbesondere Familienfreizeit und Familienerholung

- Für Berta Unterhaltsberatung nach dem KJHG. Realisierung des Unterhalts für Donald, wenn beide mit Georg nichts zu tun haben wollen: Beistandschaft beantragen, Berta ist alleinsorgeberechtigt. Der Rückstand für die Vergangenheit kann wahrscheinlich nur teilweise vollstreckt werden (verwirkt); aber für die Zukunft kann der Titel erhöht werden, weil Georg höheres Einkommen hat.

- Durchführung des Realsplittings: Adam kann sein steuerpflichtiges Einkommen um den Unterhalt für Friederike kürzen. Er muss ihr dafür die erhöhte Steuer ausgleichen, die entsteht, weil sie ihren Unterhalt versteuern muss.

- Leistungen der Pflegeversicherung für Eva – könnte die Unterhaltslast reduzieren.

Usw.

2. Aufgabe 8: Viktor und Monika

1. Verhängung von Jugendstrafe
   Darzulegen: §§ 105, 17 JGG und Anhörung der Jugendgerichtshilfe, § 38 JGG

2. Befugnis des Bewährungshelfers
   Darzulegen: § 24 JGG, Aufgabe des Bewährungshelfers, ohne Einverständnis des V keine Kontaktaufnahme mit F; F ist keine Erziehungshelferin; wären in diesem Fall auch die Eltern nicht, M ist volljährig. F ist auch volljährig, beide machen nichts Unerlaubtes.

3. Befugnis des Jugendamtes
   Darzulegen: Tätigwerden für die Mutter auch vor der Geburt möglich, § 18 Abs. 2 SGB VIII. Anspruch der Mutter auf Beratung und

Unterstützung. Unterstützung kann auch Verhandeln mit dem Vater bedeuten. Jedenfalls möglich, falls wie hier, Vollmacht erteilt ist. Unterhaltspflicht des Vaters nach § 1615 l BGB kann schon vor der Geburt beginnen.

Tätigwerden für Kind vor der Geburt möglich, § 52a Abs. 2 SGB VIII. Hier offen, ob Beistandschaft beantragt.

4. Trennungsunterhalt für V
Darzulegen: Gesetzlicher Unterhalt. Verwandtschaft – nein, Ehe – nein, nichteheliche Elternteile – nein. Kein gesetzlicher Unterhalt bei bestehenden oder getrennten nichtehelichen Lebensgemeinschaften

V erhält keinen Unterhalt, kein Anspruch auf Aufrechterhaltung des bisherigen Lebensniveaus nach Trennung.

5. Beistandschaft
Darzulegen: Beistandschaft – § 52 a SGB VIII, Eintritt – § 1714 BGB, Ende – § 1715 BGB. Folge doppelte Einzelvertretung, Jugendamt hat Rechtsstellung eines Pflegers, § 1630 BGB, Sorgerecht der Mutter bleibt bestehen, § 1716 BGB. Im gerichtlichen Verfahren Vertretungsverbot der Mutter, § 53a ZPO.

6. Betreuungshilfen für M
In Betracht kommen aus SGB VIII Gemeinsame Wohnform, § 19; Mutter-Kind-Einrichtung, Krippe, Krabbelstube, § 22; Tagespflegeperson, § 20; Familienpflege, § 33; Kinderheim, § 34

§§ 33 und 34 = Hilfe zur Erziehung, § 27, verlangt Hilfeplan, § 36

7. Umfang der Unterhaltspflicht des V
Es werden die Werte der Düsseldorfer Tabelle 2001/2002 zu Grunde gelegt. Bis zum 30.6.2001 galten die Werte der Düsseldorfer Tabelle 1999.

■ Bedarf der Mutter

– Bedarf entsprechend der bisherigen Lebensstellung als Selbstständige   2700,– DM   1380,– EUR

- Abzüglich anrechenbares
  Einkommen
  Einkommen 1700,– DM/
  869,– EUR abzüglich 5 %
  oder 100,– DM/51,– EUR
  Kinderbetreuungskosten
  300,– DM/153,– EUR   1300,– DM   665,– EUR
- Offener Bedarf   1400,– DM   715,– EUR
  Erziehungsgeld wird
  nicht angerechnet.

■ Leistungsfähigkeit des Vaters

- Einkommen 2500,– DM/
  1278,– EUR abzüglich 5 %   2375,– DM   1214,– EUR

  Überstunden zumutbar

  Bewährungsauflage nicht
  leistungsmindernd, V bzw. sein
  Bewährungshelfer können
  Antrag auf Änderung der Auflage stellen.

- Kindesunterhalt vorweg,
  Bedarf des Kindes nicht ge-
  nannt. Tabellenwert 366,– DM/
  187,– EUR, aber V hat nur
  ein Kind und eine Mutter –
  Höherstufung bis 150 % des
  Regelbetrages vertretbar, aber
  dadurch verringert sich der
  für den Unterhalt von M zur
  Verfügung stehende Betrag.
  Jede Lösung vertretbar.
  Hier Mindestbetrag   366,– DM   187,– EUR
                      (1999: 355,– DM)

  Verbleiben   2009,– DM   1027,– EUR

- Leistungsfähigkeit gegen offenen Bedarf

  2009,– DM – 1400,– DM = 609,– DM/
  1027,– EUR – 715,– EUR = 312,– EUR

- Bedarfskontrolle

  Von 609,– DM/312,– EUR kann V nicht leben. Wie hoch ist sein Eigenunterhalt? Düsseldorfer Tabelle Stufe 1 nennt 1640,– DM/839,– EUR[24] (1999: 1500,– DM); in der Anmerkung D aber 1960,– DM/1002,– EUR[25] (1999: 1800,– DM). Ungleichbehandlung gegenüber einem ehelichen Vater, dem gegenüber Ehegatten nur 1640,– DM/839,– EUR (1999: 1500,– DM) Eigenunterhalt zugestanden werden, Anmerkung B der Tabelle.

  Hinweis: Die Tabelle ist kein Gesetz, jede Lösung vertretbar, aber das Problem muss genannt werden.

Lösungen:

- Vater zahlt 50,– DM/26,– EUR Unterhalt an die Mutter.

- Vater erhält einen „Arbeitsanreiz" von 10 % = 200,– DM/102,– EUR und zahlt 170,– DM/87,– EUR Unterhalt an die Mutter.

- Gleichbehandlung mit Ehefrau: 2009,– DM/1027,– EUR – 1300,– DM/665,– EUR = 709,– DM/362,– EUR : 7 × 3 = 303,– DM/155,– EUR

- Die Differenz von 2009,– DM/1027,– EUR bis 1640,– DM/839,– EUR wird ausgeschöpft, Vater zahlt 369,– DM/188,– EUR

- Billigkeitsprüfung

  Je nach gefundenem Ergebnis – hier beim höchsten Unterhalt:

  V hat 2500,– DM/1278,– EUR – 360,– DM/184,– EUR Kindesunterhalt (er kann 6,– DM/3,05 EUR Kindergeldanteil verrech-

---

[24] Umrechnung des DM-Betrages in Euro ergibt diesen Wert. Die Düsseldorfer Tabelle ab 1.1.2002 rundet auf 840,– EUR auf.

[25] Umrechnung des DM-Betrages in Euro ergibt diesen Wert. Die Düsseldorfer Tabelle ab 1.1.2002 rundet auf 1000,– EUR ab.

nen, § 1612 Abs. V BGB) – 369,– DM/188,– EUR Mutterunterhalt = 1771,– DM/906,– EUR

M hat 1400,– DM/715,– EUR + 360,– DM/184,– EUR Unterhalt + 300,– DM/153,– EUR Erziehungsgeld (Differenz nach Abzug der Kinderbetreuung) = 2060,– DM/1052,– EUR

K hat 360,– DM/184,– EUR Unterhalt vom Vater + 270,– DM/ 138,– EUR Kindergeld = 630,– DM/322,– EUR

Veränderungen zu Gunsten des Vaters? Nein, denn M hat nun mit 2690,– DM/1375,– EUR für sich und das Kind so viel wie vorher für sich allein mit 2700,– DM/1380,– EUR. Belastung des Vaters vertretbar, weil er wohl nur drei Jahre Unterhalt für die Mutter zahlt.

8. Widerspruch gegen Vertretungsakte des Arbeitsamtes
   Zu überprüfen § 144 SGB III = Anlass für den Eintritt von Sperrzeiten mit einer Dauer von insgesamt 24 Wochen

■ Erste Sperrzeit = Arbeitsaufgabe § 144 Abs. 1 Nr. 1 = 12 Wochen

  – vorsätzliche Herbeiführung der Teilarbeitslosigkeit: G hat selbst gekündigt.

  – ohne wichtigen Grund = Grund ist Betreuung des Enkelkindes. Wichtiger Grund ist nicht im Gesetz definiert. Grund i. S. d. Vorschrift ist derjenige, der höheren Rang hat als die Pflicht gegenüber der Solidargemeinschaft der Arbeitslos-Versicherten.

  Erziehung eines Kindes ist wichtiger Grund, Art. 6 Abs. 2 GG. Aber Großmutter ist kein Elternteil.

  Beistandspflicht gegenüber der Tochter? § 1618a BGB? Kein wichtiger Grund, da sanktionslos.

  Großmutter als Pflegemutter? Wichtiger Grund, so weit Mutter ausfällt. Davon kann hier wohl nicht gesprochen werden.

  Betreuung der Großmutter Vorrang vor Fremdbetreuung? Ja, gehört zur Familie. Vorrang ist von der Solidargemeinschaft hinzunehmen. G wälzt Teilarbeitslosigkeit wegen Betreuung des Enkelkindes auf sie ab.

Ergebnis: Die Sperrzeit ist nicht gerechtfertigt wegen des Vorliegens eines wichtigen Grundes.

Andere Ansicht vertretbar. Folge: Sperrzeit 12 Wochen, es sei denn besondere Härte, § 144 Abs. 3 SGB III; keine gesetzliche Definition für besondere Härte; hier: Großmutter wird die Unbeweglichkeit ihrer bisherigen Firma bzw. der Mangel an Teilzeitarbeitsplätzen angelastet. Falls besondere Härte angenommen wird, verkürzt sich die Sperrzeit auf 6 Wochen.

- Zweite Sperrzeit = Arbeitsablehnung, § 144 Abs. 1 Nr. 2 = 12 Wochen

G hat Arbeit abgelehnt. Dies führt zur Sperrzeit, es sei denn, ein wichtiger Grund liegt vor. Dies ist dann der Fall, wenn Arbeit aus personenbezogenen Gründen unzumutbar ist.

Pendelzeiten sind nicht unverhältnismäßig, also zumutbar.

§ 121 SGB III enthält keine abschließende Aufzählung der personenbezogenen Gründe (Abs. 3 = „Insbesondere"; Abs. 4 = „auch").

Arbeit ist hier unzumutbar, weil mit der Pflege und Erziehung eines aufsichtsbedürftigen Kindes oder Pflege eines pflegebedürftigen Angehörigen nicht vereinbar, § 119 Abs. 4 Nr. 2 SGB III. Gilt also nicht nur für Eltern, sondern auch für Großeltern oder Pflegeeltern.

Ergebnis: Großmutter ist arbeitsbereit und -fähig in den Grenzen des § 119 Abs. 4 Nr. 2. Eine damit nicht vereinbare Arbeit ist unzumutbar. Folge: Sperrzeit ist unberechtigt.

Soweit anderes Ergebnis = wieder Prüfen der Härte, s. o.

Ergebnis: Rechtsmittel einlegen, Anspruch auf Arbeitslosengeld nicht erloschen, da Sperrzeiten nicht gerechtfertigt, jedenfalls nicht 24 Wochen.

9. Stellungnahme des Bewährungshelfers
Eine ergebnisoffene Aufgabe. Enthalten sein muss § 26 Abs. 1 Nr. 1 JGG: Haben die Straftaten gezeigt, dass sich die Erwartung, die der Strafaussetzung zu Grunde lag, nicht erfüllt hat?

Falls ja, § 26 Abs. 2 JGG: Reichen andere Mittel aus?

Antwortbeispiel:

In der Entziehung des Kindesunterhalts wiederholt sich, dass M vor den Folgen seines Verhaltens wegläuft wie schon bei der Fahrerflucht. Aber V stand so unter dem Druck, die Bewährungsauflage zu erfüllen, dass er es nicht wagte, seine veränderten Lebensumstände zu offenbaren und um Abänderung der Geldauflage zu bitten, damit er seiner Unterhaltspflicht nachkommen kann, oder an seine Gläubiger wegen Änderung seiner Schuldenzahlungen heranzutreten. Er teilte seine Situation nicht einmal mir mit und glaubte, wenn er zu Geld komme, könne er alle seine Probleme lösen. Ich habe die Not des V leider nicht erkannt.

Auf Grund des nun wieder hergestellten Vertrauens dürften weitere Weisungen und Auflagen genügen. Ich schlage als Weisung die Zahlung des Kindesunterhalts vor. V will sich um seine Angelegenheiten kümmern. Er hat mittlerweile einen Termin bei der Schuldnerberatung.

V sollte für die Erfüllung seiner Unterhaltspflicht auch Entlastung erfahren. Er hat von den 28 Raten der Bewährungsauflage 20 gezahlt. Die Geldbuße wurde seinerzeit verhängt auf der Basis, dass er keine Unterhaltspflichten hat. Ich bitte, die noch offene Geldbuße von 2000,– DM/1023,– EUR zu erlassen.

Anderes Ergebnis vertretbar mit entsprechender Begründung.

Die Studierenden sprachen sich überwiegend gegen einen Widerruf aus.

Bewertung: 120 – 104 = 1; 103 – 85 = 2; 84 – 66 = 3; 65 – 54 = 4

3. Aufgabe 9: Claudia und Florian

1. Die Inobhutnahme von Kindern und Jugendlichen ist in § 42 KJHG geregelt.

Hiernach ist das Jugendamt verpflichtet, Jugendliche in Obhut zu nehmen, wenn sie darum bitten.

Bittet Claudia um „Obhut"?

Was unter „Obhut" zu verstehen ist, ist in Abs. 1 geregelt.

Claudia will weder bei einer geeigneten Person, noch in einer Einrichtung, noch in einer sonstigen betreuten Wohnform untergebracht werden.

Claudia will eine eigene Wohnung. Dies kann ausgelegt werden als Hilfe nach § 8 Abs. 3 SGB VIII.

Problem: Personensorgeberechtigte in Kenntnis setzen.

Falls Claudia das nicht will, darf das JA sie nicht einfach wieder auf die Straße schicken. Das JA ist dann verpflichtet, Claudia in Obhut zu nehmen. Dies ist ihr darzulegen, § 42 Abs. 3 KJHG mit der Konsequenz, dass die Eltern zu verständigen sind, § 42 Abs. 2 KJHG.

2. Bestimmungsrecht der Eltern

Claudia hat Anspruch auf Unterhalt gegen ihre Eltern.

Gemäß § 1612 BGB ist Unterhalt in der Regel eine Geldrente, die den vollen Lebensbedarf abdeckt. Ausnahme: Nach § 1612 Abs. 2 BGB dürfen Eltern gegenüber einem unverheirateten Kind bestimmen, wie sie den Unterhalt leisten.

Claudia muss sich fügen. Die Bestimmung ist bindend. Die Änderung verlangt den Weg zum Familiengericht.

Hinweis: Die Änderung erfolgt nur auf Antrag von Claudia, ist also kein Amtsverfahren. Da sie minderjährig ist, gesetzlich vertreten durch die Eltern, müsste für dieses Verfahren ein Pfleger bestellt werden, §§ 1629 Abs. 2, 181, 1795 BGB. Den Eltern wird in der Regel die Vertretungsmacht in der Angelegenheit „Bestimmung des Unterhalts" entzogen, § 1629 BGB.

3. Unterhaltspflicht des Vaters eines nichtehelichen Kindes gegenüber der Mutter

Gemäß § 1615l Abs. 3 BGB geht in der Rangfolge der Unterhaltspflichtigen der Vater des Kindes anderen Unterhaltspflichtigen vor.

Aber: Grundsätzlich muss er für die Kindesmutter nur sechs Wochen vor bis acht Wochen nach der Geburt Unterhalt zahlen. Das reicht nicht für ein selbstständiges Leben. Claudias Eltern können sie also nicht an den Vater verweisen. Die Eltern sind Opfer der geringen Unterhaltspflicht des Vaters eines nichtehelichen Kindes für die Mutter.

Ausnahme: Unterhaltspflicht des Vaters vier Monate vor bis drei Jahre nach der Geburt, § 1615l Abs. 2 BGB. Der Zeitraum reicht für ein selbstständiges Leben. Aber Ausnahme greift nur, wenn Claudia wegen einer schwangerschafts- oder entbindungsbedingten Krankheit oder wegen der Versorgung des Kindes nicht erwerbstätig sein kann.

Claudia ist Schülerin. Wenn Claudia/ihre Eltern wollen, dass Claudia die Schule abschließt, ist sie, unabhängig von Schwangerschaft/Kind, unterhaltsbedürftig. Der Kindesvater ist nicht unterhaltspflichtig, jedenfalls nicht, solange sie in die Schule geht.

4. Ablehnung der Sozialhilfe für Claudia

Rechtsmittel nur, wenn das Sozialamt eine falsche Entscheidung getroffen hat.

Claudia hat keinen Anspruch auf Hilfe zum Lebensunterhalt oder Hilfe in besonderen Lebenslagen wegen der Subsidiarität der Sozialhilfe:

- Unterhalt geht vor. Claudia ist nicht bedürftig. Sie wird von den Eltern unterhalten.

- Leistungen der Jugendhilfe gehen vor, § 10 Abs. 2 BSHG. Das Sozialamt wird Claudia zum Jugendamt schicken.

- Daneben wird die Hilfe zum Lebensunterhalt an § 26 BSHG scheitern. Claudia ist Schülerin eines Gymnasiums. Ihre Ausbildung ist dem Grunde nach durch das Bundesausbildungsförderungsgesetz förderungsfähig. Dies gilt jedenfalls dann, wenn sie einen eigenen Haushalt führt und mit ihrem Kind zusammenlebt.

  Hinweis: Es kommt nicht darauf an, ob sie tatsächlich Leistungen nach dem BAföG bekommen wird oder nicht, etwa weil das Einkommen der Eltern zu hoch ist, bzw. weil die Eltern bereit sind, den Unterhalt zu leisten, § 36 Abs. 3 BAföG, § 1612 Abs. 2 BGB – ist nicht verlangt.

5. Vorschlag einer tatsächlich und wirtschaftlich akzeptablen Lösung

Offene Bearbeitung:

Das Jugendamt kann eine Jugendhilfemaßnahme anbieten, etwa § 19 SGB VIII. Auf eine Leistung nach § 19 besteht kein Rechtsanspruch.

- Vorteil wirtschaftlich: § 19 SGB VIII ist ein Angebot, das Claudia und die Herkunftsfamilie entlastet – Folge des Schwangerschaftskonfliktgesetzes. Die Eltern von Claudia werden nicht zu den Kosten (einschließlich notwendiger Unterhalt und Krankenhilfe, § 91 Abs. 6 SGB VIII, Verwaltungskosten, § 91 Abs. 7 SGB VIII) herangezogen. Bei der Gewährung von Leistungen nach § 19 SGB VIII werden gemäß § 91 Abs. 4 SGB VIII nur Claudia und Eva, bzw. die Eltern von Eva, also Claudia und der Vater herangezogen. Der Vater ist nicht bekannt, die Heranziehung von Claudia erfolgt nur nach § 93 Abs. 2 SGB VIII, und nicht für Eva, weil Claudia ihr eigenes Kind betreut, § 93 Abs. 6 SGB VIII. Claudia selbst hat im Augenblick nichts als ihren Unterhaltsanspruch gegen die Eltern, später dann den gegen den Vater ihres Kindes. Diese Ansprüche werden übergeleitet, §§ 95, 96 Abs. 1 Nr. 1a SGB VIII. Bei einer Leistung nach § 19 SGB VIII aber nur der

Anspruch gegen den Vater (6 Wochen vor bis 8 Wochen nach der Geburt), nicht der gegen die Eltern, § 96 Abs. 2 SGB VIII, weil Claudia schwanger ist bzw. ihr Kind betreut.

- Vorteil in der Abwicklung: § 19 SGB VIII ist keine Hilfe zur Erziehung wie z. B. betreutes Einzelwohnen mit den Konsequenzen der §§ 27–36 SGB VIII. Bis zur Volljährigkeit haben Claudias Eltern den Anspruch auf Hilfe zur Erziehung, nicht Claudia selbst.

- Vorteil tatsächlich: Sozialpädagogische Bewertung

- Nachteil dieses Vorschlages ist, dass er weder dem Wunsch von Claudia nach Alleinleben in einer eigenen Wohnung mit einem eigenen Haushalt noch der Vorstellung der Eltern entspricht. Er bedeutet eine Aushebelung der Elternposition, z. B. § 1612 BGB.

Für die Zeit der Minderjährigkeit haben die Eltern das Aufenthaltsbestimmungsrecht. Wenn Claudia eine Regelung gemäß § 19 SGB VIII will und die Eltern sich widersetzen, wird das Familiengericht den Eltern das Aufenthaltsbestimmungsrecht entziehen und Pflegschaft anordnen. Um kein Gericht einschalten zu müssen, muss also die Zustimmung der Eltern erreicht werden. Mit Eintritt der Volljährigkeit haben die Eltern keine Chance, sich zu widersetzen, weil § 1612 BGB nicht greift. Es gibt keine Regelung im SGB VIII, die § 1612 Abs. 2 BGB Vorrang einräumt. § 1612 Abs. 2 läuft leer, wenn das unterhaltsberechtigte Kind keinen Unterhalt und die Jugendhilfe keinen Regress verlangt.

Vermittlung der Akzeptanz der Eltern ist Aufgabe der Sozialpädagogik.

- Andere Vorschläge der Jugendhilfe

  – Denkbar ist ein betreutes Einzelwohnen. Die Gestaltung ist schwieriger (Hilfeplan), kommt aber dem Wunsch von Claudia näher (s. o.).

  – Vielleicht kommt auch eine ganz individuelle Lösung in Betracht, § 27 Abs. 2 SGB VIII.

Vertretbar ist auch, Jugendhilfe für Claudia abzulehnen und den Verbleib in der elterlichen Familie vorzuschlagen – mit möglichen Jugendhilfeangeboten für Eva, wenn sie auf der Welt ist.

6. Klärung der Vaterschaft für Eva

Siehe dazu Aufgabe 4 in diesem Buch.

7. Aufgabe des Bewährungshelfers

Bewährung ist ambulanter Strafvollzug – hier Ableitung aus dem JGG, §§ 24, 56d StGB

Siehe dazu Aufgabe 1 in diesem Buch.

8. Agieren des Bewährungshelfers

Aus den Kompetenzen des Bewährungshelfers ergibt sich, dass er bei Jugendlichen (entsprechend bei Heranwachsenden, obwohl sie volljährig sind) Auskünfte über die Lebensführung bei bestimmten Personen und Institutionen verlangen kann, aber nicht geben darf.

Wenn er anderen Personen (Eltern, Claudia) oder Institutionen (Jugendamt) ohne Einwilligung von Florian das ihm Anvertraute weitergibt, begeht er einen Geheimnisbruch, § 203 StGB, und macht sich strafbar. Der zuständige Bewährungshelfer ist staatlich anerkannter Sozialarbeiter, § 203 Abs. 1 Nr. 5 StGB.

Er hat nur dem Gericht über die tatsächliche Lebensführung von Florian in bestimmten Zeitabständen zu berichten. Die Vaterschaftsanerkennung ist kein strafbares Verhalten, kein Verstoß gegen Bewährungsbeschluss oder Bewährungsplan. Allenfalls könnte der Bewährungshelfer mit dem Richter Kontakt aufnehmen. Aber was soll der Richter mit unausgereiften Vaterschaftsanerkennungsplänen und mit Heiratswünschen? Er wird den Bewährungshelfer auf seine Kompetenz als Sozialarbeiter verweisen.

9. Rehabilitationsleistungen

Arbeitsunfall: Rehabilitationsleistungen der Unfallversicherung sind darzustellen. Rehabilitation vor Erwerbsunfähigkeitsrente, § 101 SGB VI, wäre möglich, aber nicht vor Beginn des 7. Monats nach Eintritt der Erwerbsunfähigkeit

Bewertung:

110 − 96 = 1; 95 − 81 = 2; 80 − 66 = 3; 65 − 51 = 4

4. Aufgabe 10: Hermann und Freia

1. Welche Unterhaltspflichten haben F und H gegenüber wem? Woraus leiten sich diese Unterhaltspflichten ab?

F muss als Mutter Verwandtenunterhalt gegenüber A, B und C zahlen.

H muss als Vater Verwandtenunterhalt gegenüber B und C zahlen.

F gegen H oder H gegen F:

Beide nicht miteinander verheiratet, haben also keine gegenseitigen gesetzlichen Unterhaltspflichten.

Jeder könnte betreuender Elternteil eines nichtehelichen Kindes sein, 1615 l BGB. Alle Kinder sind älter als drei Jahre. Daher keine Anhaltspunkte für Billigkeitsunterhalt.

2. a) Hat H Anspruch auf laufende Leistungen zum Lebensunterhalt?

■ Zu behandeln Subsidiarität der Sozialhilfe. Hier: H hat keine vorrangigen Ansprüche.

■ Bedarfsgemeinschaft, §§ 11, 16, 122 BSHG

§ 11: H lebt in Haushaltsgemeinschaft mit F und den Kindern B und C. A ist volljährig.

§ 16: Gleiches Ergebnis. H ist nicht mit A verschwägert. Er ist nicht sein Stiefsohn.

Bedarfsgemeinschaft: Erhöhte Unterhaltspflicht, über § 122 auch für nichteheliche Lebensgemeinschaft. Zu berücksichtigen sind Einkommen und Vermögen von H, F und B und C.

- Ermittlung des Bedarfes nach BSHG

Haushaltsvorstand: vom Einkommen her wohl F, vom Vermögen (Wohnung) her wohl H.

Da HV höheren Bedarf hat, wird für die Berechnung hier H als HV angenommen.

– **Regelbedarf, § 22**

H = 540,– DM/276,– EUR +
F = 80 % = 432,– DM/221,– EUR +
B = 90 % = 486,– DM/248,– EUR +
C = 65 % = 351,– DM/179,– EUR
Insgesamt 1809,– DM/925,– EUR

Hinweis: A wird nicht berücksichtigt.

– **Mehrbedarf, § 23**

für H: bei Eingliederungshilfe § 40 Abs. 1 Nr. 3 bis 5 40 %. Hier wurde Hilfe zur Umschulung zwar abgelehnt, § 40 Abs. 1 Nr. 5. Dennoch ist anzunehmen, dass 216,– DM/110,– EUR vertretbar sind, mindestens jedoch 108,– DM/55,– EUR, § 23 Abs. 1, 2.

Kein Mehrbedarf für F wegen Alleinerziehung, § 23 Abs. 2; andere Ansicht vertretbar.

Regel- und Mehrbedarf 2025,– DM/1035,– EUR

– **Unterkunft**

Hier keine Miete, aber Nebenkosten, die grundsätzlich der Mieter zahlt, 80,– DM/41,– EUR = 16,– DM/8,– EUR pro Person. Der Anteil von A ist beim Bedarf nicht zu berücksichtigen. Grundsteuern sind keine Wohnkosten, andere Ansicht vertretbar.

– **Heizung**

150,– DM/77,– EUR, pro Person 30,– DM/15,– EUR, Anteil des A gehört nicht zum Bedarf, s. o.

Bedarf insgesamt 2209,– DM/1129,– EUR

■ Dagegen Einsatz von Einkommen der F, § 11
Rente 1200,– DM/614,– EUR + Erwerbseinkommen 1600,–
DM/818,– EUR = 2800,– DM/1432,– EUR

Abzüglich

Fahrtkosten	100,– DM	51,– EUR	
Pauschale Arbeits-mittel	10,– DM	5,– EUR	
Hausratversiche-rung mtl.	40,– DM	20,– EUR	
Für H Krankenver-sicherung	213,– DM	119,– EUR	solange nicht von SH über-nommen, § 13
Für B Klavier mtl.	160,– DM	82,– EUR	nicht im Regel-bedarf strittig = wird auch zum Regelbedarf ge-zählt
Für C Sportverein mtl.	15,– DM	8,– EUR	
Für A Unterhalts-differenz F ist unter-haltpflichtig, geht U gegenüber H vor	190,– DM	97,– EUR	A hatte vor-her 950,– DM/ 486,– EUR (Waisenrente + Kindergeld). Nun hat er auf 760,– DM/389,– EUR (Sold Essens-entschädigung) Differenz 190,– DM/97,– EUR. Es werden nicht 300,– DM/153,– EUR berück-sichtigt. Aber vertretbar.
Insgesamt	728,– DM	372,– EUR	
Verbleiben	2072,– DM	1060,– EUR	

Abzüglich Arbeits-anreiz § 76 Abs. 2a Nr. 2 BSHG, höchstens 2/3 Regelsatz HV	360,– DM	184,– EUR	
Verbleiben	1712,– DM	876,– EUR	
Zuzüglich Kindergeld für B und C	540,– DM	276,– EUR	Weil A ausfällt, kein Kindergeld für drittes Kind.
Anrechenbares Einkommen	2252,– DM	1152,– EUR	
Dagegen Bedarf	2209,– DM	1129,– EUR	

Ergebnis: H bekommt keine laufende Hilfe zum Lebensunterhalt.

Ein anderes Ergebnis hat, wer Mehrbedarf für F wegen Alleinerziehung angenommen hat, 40 % von 432,– DM/221,– EUR = 173,– DM/88,– EUR.

Ein anderes Ergebnis hat auch, wer die Grundsteuer als Wohnbedarf rechnete.

Häufigster Fehler: Die Rente von F wurde übersehen.

Zweithäufigster Fehler: Das Einkommen der F wurde nicht korrigiert nach § 76 BSHG.

■ Einsatz von Vermögen

Vermögen ist Haus und Auto, beides nicht einzusetzen, § 88 Abs. 2 Nr. 7, Abs. 3 BSHG.

In Betracht kommen deshalb einmalige Leistungen, § 21 Abs. 2 BSHG.

b) Hat H Anspruch auf Übernahme der Krankenversicherungsbeiträge?

Krankenversicherung gehört zum Unterhalt und Lebensbedarf,
aber nicht zum Regelbedarf. F zahlt für H die Krankenversicherung, obwohl sie gegenüber H nicht unterhaltspflichtig ist. Wenn
sie nicht zahlen würde, wäre H nicht versichert. Also müsste die
Sozialhilfe Krankenfürsorge leisten. Wären beide verheiratet, wäre
H in der Familienmitversicherung. Es entstünden keine Kosten.
Andererseits würde bei einer Ehe die Witwenrente von 1200,– DM/
614,– EUR wegfallen, mit der Folge, dass Hilfe zum Lebensunterhalt geleistet werden müsste.

■ § 13 Abs. 1 BSHG kommt nicht in Betracht, siehe 2 a).

■ Aber Krankenversicherung kann übernommen werden, unabhängig von der laufenden Hilfe zum Lebensunterhalt, § 13
Abs. 2 BSHG.

Hier: Krankenversicherung ist angemessen: H ist krank, Übernahme der Krankenversicherung günstiger als die Leistung der
Krankenhilfe. Laufende Hilfe zum Lebensunterhalt muss nicht oder
nur ausnahmsweise geleistet werden.

Der Gesichtspunkt der Gleichbehandlung von Ehe und nichtehelicher Lebensgemeinschaft verlangt Übernahme der KK von 213,–
DM/109,– EUR (strittig, a. A. vertretbar).

Ergebnis: Gebrauch des Ermessens führt zur Übernahme der Krankenversicherung.

c) Überprüfen Sie das von Ihnen gefundene Ergebnis auf seine Billigkeit.

Was spricht für die Entscheidung, keine Hilfe zum Lebensunterhalt,
aber Krankenversicherung zu leisten?

Die geforderte Gleichbehandlung von Ehe und nichtehelicher
Lebensgemeinschaft. H bekommt keine Hilfe zum Lebensunterhalt, obwohl er keinen Unterhaltsanspruch gegen F hat. H und F
soll es nicht besser gehen als wenn sie verheiratet wären.
F wird in der Bedarfsgemeinschaft auf Existenzminimum gesetzt

ebenso wie B und C, und auch das Niveau A sinkt, wenn sein Lebensniveau von 950,– DM/486,– EUR auf 760,– DM/389,– EUR sinken soll, obwohl er einen Anspruch auf angemessenen Unterhalt gegen F hat, während H keinen Unterhaltsanspruch gegen F hat.

F und die Kinder bräuchten keine Leistungen der Sozialhilfe, auch keine einmaligen Leistungen, wenn H nicht mit unterhalten werden müsste. Umgekehrt hätte H eventuell Einnahmen aus Vermietung, wenn F und A, denen er keinen Unterhalt schuldet, nicht im Haus lebten. Die Gleichbehandlung ist Gesetz, § 122 BSHG. Aus diesem Grunde ist dort auszugleichen, wo die nichteheliche Lebensgemeinschaft schlechter gestellt ist als die Ehe. Weil keine Familienmitversicherung für H besteht, ist die Krankenkasse von der Sozialhilfe zu übernehmen. Weitere Entlastung nur, so weit sie auch in einer Ehe erbracht würde. Hier eventuell Pflegegeld für F.

3. Hat ein Widerspruch des H Aussicht auf Erfolg?

Anspruchsgrundlage: Eingliederungshilfe § 39 BSHG: H hat Anspruch

Anspruch auf bestimmte Maßnahme

§ 40 BSHG: Umschulung für einen angemessenen Beruf

Problem: H will Übersetzer werden. Einkommen reicht nicht für Lebensgrundlage (§§ 14, 13 Abs. 2 Nr. 2 EinglVO).

Maßstab: Höhe des Einkommens und Umfang der Belastung. Übersetzungen werden schlechter bezahlt als Dolmetschertätigkeiten, sind aber auch weniger anstrengend. H kann eher mehr übersetzen als dolmetschen.

Ausnahme: § 13 Abs. 2 Nr. 2 EinglVO, 2. Alt.: Beitrag zur Lebensgrundlage in angemessenem Umfang. Davon kann ausgegangen werden: Bedarf für Übersetzungen ist vorhanden.

■ Bedarf, hier 6000,– DM/3068,– EUR

■ Bedürftigkeit

– zugestandener Bedarf: Grundbetrag nach § 81 Abs. 1 Nr. 5 1573,– DM/804,– EUR + 64,– DM/33,– EUR Wohnung +

Familienzuschlag für F, B und C = 1296,– DM/663,– EUR, Bedarf insgesamt 2933,– DM/1500,– EUR

– Dagegen einzusetzendes Einkommen = siehe oben = 2252,– DM/1152,– EUR

Ergebnis: Bedarf übersteigt Einkommen, Anschaffung nicht zumutbar, Widerspruch erfolgreich.

4. Was wird aus dem Ermittlungsverfahren gegen C?

   C ist noch nicht 14 Jahre alt, § 19 StGB. Ohne Schuld keine Straftat. Daher Einstellung nach § 170 StPO.

5. Darf die Jugendgerichtshilfe Ermittlungen über die Hintergründe der Tat anstellen und sich z. B. mit C unterhalten oder in der Zivildienststelle nach A erkundigen?

   Subsumieren: § 38 JGG; Erforschen Persönlichkeit, Entwicklung und Umwelt, aber in Richtung der erzieherischen, sozialen und fürsorgerischen Gesichtspunkte. Gehören die Hintergründe der Tat dazu? Wohl nicht. Die Jugendgerichtshilfe ermittelt nicht. Und wenn, gilt für die Datenerhebung § 62 SGB VIII. Abs. 3 liegt nicht vor. Mit C kann sie nur mit Einverständnis von A sprechen und dann auch nur, wenn die Mutter es erlaubt. Sie müsste ihn auf sein Aussageverweigerungsrecht aufmerksam machen. Für die Zivildienststelle gilt auch § 62 SGB VIII.

6. a) Behandeln Sie bitte im Bericht die Anwendung des Jugendstrafrechts, schlagen Sie eine Maßnahme vor und begründen Sie Ihren Vorschlag rechtlich und sozialpädagogisch.

   Erwartet wird die Auseinandersetzung mit § 105 JGG. A ist Heranwachsender. Steht er in der sittlichen und geistigen Entwicklung einem Jugendlichen gleich?

   Falls nicht: Handelt es sich nach den Umständen und Beweggründen um eine Jugendverfehlung?

   Ergebnis ist offen: Es kommt auf Ihre Begründung an.

Maßnahme: Je nach Entscheidung oben aus dem JGG oder offen lassen.

Falls JGG:

Problem ist weniger der Diebstahl des Druckers, sondern die Einbeziehung des schuldunfähigen C; Entschuldigung bei C und Maßnahme gegen A in Bezug auf C.

Schadenswiedergutmachung wegen des Druckers kommt nicht in Betracht. Der Drucker blieb im Laden.

Geldleistungen kommen angesichts der Familiensituation nicht in Betracht.

Gemeinnützige Arbeitsleistungen wohl auch nicht. A macht gerade Zivildienst; er unterstützt seinen behinderten Vater.

Hinweis: Bei den Bearbeitungen war ein interessanter Vorschlag, dass A lernen müsse, für seine Wünsche zu zahlen, deshalb soll er an Samstagen eine bezahlte Arbeit annehmen.

Aber auch hier war der häufigste Vorschlag Jugendstrafe auf Bewährung. Häufigster Fehler war das Übersehen, dass § 17 JGG vorrangig vor § 21 JGG zu behandeln ist.

b) Würde sich Ihr Vorschlag nach 6 a) verändern, falls Ihnen A all seine Taten vollständig erzählt hätte?

Nein, auch wenn die Jugendgerichtshilfe weiß, dass A nicht nur den Drucker gestohlen hat und die Straflosigkeit des C in größerem Ausmaß missbraucht hat, darf sie diese Information zum Nachteil von A nur mit dessen Einverständnis verwerten oder weitergeben, § 62 SGB VIII, s. o. Sie ist keine Polizei.

7. Kann H zum gemeinsamen Sorgerecht kommen, wenn F nicht damit einverstanden ist?

Gemeinsames Sorgerecht setzt derzeit die Sorgeerklärung jedes Elternteiles voraus. H kann die Abgabe der Sorgeerklärung von F nicht erzwingen, §§ 1626a, 1626e BGB.

8. Sie sind die Beraterln. Wie verhalten Sie sich? Begründen Sie Ihr Verhalten mit dem Kinder- und Jugendhilfegesetz.

§ 8 Abs. 3 SGB VIII: Beraterin kann ohne Kenntnis der Mutter (Personensorgeberechtigte) beraten, wenn … und solange … Was ist der Beratungszweck? C will keine Beratung. Aber C ist ein Kind. Sein Wunsch nach Hilfe bei der Rückgabe der Sachen ist als Wunsch nach Beratung in seiner Lage auszulegen. Er will die Sachen loswerden, ohne A zu schaden. Wird der Beratungszweck durch Information der Mutter gefährdet? Wohl nicht, a. A. vertretbar.

Wer die Mutter nicht informieren will, muss abgrenzen: § 8 Abs. 3 SGB VIII gibt Spielraum nur für die Beratung. Beratung bedeutet nicht, für das Kind in anderer Weise tätig werden, einen sonstigen Arbeitsauftrag des Kindes anzunehmen. Auch dann kann die Beraterin C die Sachen nicht abnehmen.

Ergebnis: 1. Mutter ist zu informieren. 2. Beraterin bringt die Sachen nicht zurück.

9. Wie ist die Rechtslage?

■ § 2 SchKG: Jede Frau, jeder Mann … hat das Recht … sich zu den in § 1 genannten Zwecken … Der Anspruch auf Beratung umfasst …

Ist B eine Frau? Nein, B ist minderjährig.

■ Für Minderjährige gilt § 36 SGB I. B hat das 15. Lebensjahr vollendet. Sie kann Sozialleistung beantragen und entgegennehmen. Beratung ist Sozialleistung. Die Beraterin soll gesetzlichen Vertreter unterrichten, hier Mutter. Soll heißt in der Regel. Eine Ausnahme ist zu begründen. Was heißt unterrichten? Information über die Antragstellung (auf Beratung) und die erbrachte Sozialleistung (Beratung) und nicht Information über die Angaben von B über ihre Beziehung zu M.

Ergebnis: Beraterin darf B nicht wegschicken. Beraterin hat zu entscheiden, ob sie die Mutter unterrichtet oder nicht. Jede Entscheidung vertretbar.

Lösungsskizzen

- Problemlos: Beratungsstelle berät und unterrichtet.

- Schwieriger: Beratungsstelle berät und unterrichtet nicht. Die Ausnahme ist zu begründen, z. B. in analoger Anwendung von 8 Abs. 3 SGB VIII. Wohl schwer zu begründen, warum durch die Mitteilung an die Mutter der Beratungszweck der Aufklärung über Verhütung vereitelt würde. Dass die Mutter gegen die Pille war, reicht nicht.

Bewertung, Notenschlüssel

$120 - 105 = 1$; $104 - 85 = 2$; $84 - 65 = 3$; $64 - 55 = 4$

Anhang

8

1. Bewährungshilfebericht

Bewährungshilfebericht[26] für Jugendliche und Heranwachsende (wenn Widerruf im Raum steht)

1. Bisheriger Verlauf der Bewährung (Anamnese):

   ■ Daten zur Person

   ■ Anlass für die Bewährung

   ■ Tätigkeiten der Bewährungshelfer

   ■ Verhalten des Probanden/Klienten (bisher/bzw. vor der Krise)

2. Psychosoziale Diagnose (Diagnose):

   ■ Anlass für die psychosoziale Diagnose (z. B. weil erneute Straftat; weil Bewährung in Frage gestellt …)/Erklärung der Krisensituation

   ■ Problembeschreibung:
   beteiligte Personen; Hergang; Einschätzung durch die beteiligten Personen; Aktionen/Reaktionen …

   ■ Interpretation/Erklärung auf der Grundlage wissenschaftlicher Erkenntnisse (z. B. lernpsychologischer, psychoanalytischer, konfliktpädagogischer, kommunikationstheoretischer … Erkenntnisse)

   ■ Prognose/Einschätzung des künftigen straffreien Verlaufs:
   einerseits: wie sich das Problemverhalten *ohne* erzieherischen Einfluss entwickeln könnte
   andererseits: wie sich das Problemverhalten bei Rückgriff auf gezielte sozialpädagogische Intervention verändern könnte

3. Formulierung eines Interventionsplanes (Intervention):

   Anregung einer Maßnahme (oder keiner Maßnahme) und pädagogische Begründung der Maßnahmen.

   Folgende Schritte empfehlen sich:

   ■ Formulierung von (Erziehungs-)zielen (Fernziele/Nahziele; auch aufgliedern in Teilziele …)

---

[26] nach Prof. Dr. Buchberger, FH Landshut: Fachbereich Sozialwesen

- Vorschlag der konkreten (Erziehungs-)maßnahmen (Bestimmung von Personen/Institutionen, die bestimmte Maßnahmen treffen, z. B. Anti-Aggressions-Training in … durch …)
- Absicherung durch entsprechende Änderung des (gerichtlichen) Bewährungsplanes

2. Hilfeplan

Hilfeplan Jugendamt[27] …

Hilfe zur Erziehung (§ 27 SGB VIII)
Eingliederungshilfe (§ 35a SGB VIII)
Hilfe für junge Volljährige (§ 41 SGB VIII)
Zuständige Fachkraft im Jugendamt:
AntragstellerIn:

Anamnese

- Junger Mensch:
- Familie:
- Familiensituation:
- Entwicklung des jungen Menschen:
- Schwierigkeiten:
- Bisherige Hilfen:
- Derzeitige Erziehungssituation, die den Anspruch auf Hilfe zur Erziehung/Eingliederungshilfe begründet:

Diagnose

- Psychosozialer Befund:

Intervention

- Maßnahme:
- Perspektive:
- Zielsetzungen:

Evaluation

- Überprüfung des Hilfeplans/Wiedervorlage am:

---

[27] nach Prof. Dr. Buchberger, FH Landshut: Fachbereich Sozialwesen

Literatur und Arbeitsmittel

**In der Lehrveranstaltung „Fallbearbeitung"
verwende und empfehle ich:**

Gastiger, Sigmund/Oberloskamp, Helga: „Recht konkret". 17 juristische Fälle und Lösungen aus der Sozialen Arbeit, Freiburg im Breisgau 1997, ISBN 3-7841-0915-21

Heinrich, Dieter: „Familienrecht". Fälle und Lösungen nach höchstrichterlichen Entscheidungen, Heidelberg 1999, ISBN 3-8114-6997-5

Jäger, Horst: „Sozialrecht in Beispielen". Fälle – Aufgaben – Test für Aus- und Weiterbildung, Prüfung und Praxis, Berlin 1997, ISBN 3-503-03435-8

Kämpfer, Horst-Dieter: „300 Fallbeispiele aus Recht und Verwaltung". Ein Übungsbuch für die Fachschule für Sozialpädagogik, Köln 1994, ISBN 3-8237-5868-3

Nothacker, Gerhard: „Jugendstrafrecht". Fälle und Lösungen, Baden-Baden 1998, ISBN 3-7890-5505-0

Oberloskamp, Helga/Adams, Ursula: „Jugendhilferechtliche Fälle für Studium und Praxis". Heidelberg 1991, ISBN 3-8226-4391-2

Als Lehrbücher verwende und empfehle ich:

Arndt, Joachim/Oberloskamp, Helga: „Gutachtliche Stellungnahmen in der Sozialen Arbeit". Neuwied 1993, ISBN 3-472-01698-1

Gitter, Wolfgang: „Sozialrecht". München 1992, ISBN 3-406-35675-3

Kunkel, Peter-Christian: „Grundlagen des Jugendhilferechts". Systematische Darstellung für Studium und Praxis, Baden-Baden 2001, ISBN 3-7890-6986-8

Papenheim, Heinz-Gert/Baltes, Joachim: „Verwaltungsrecht für die soziale Praxis". Frechen 2001, ISBN 3-935793-00-6

Schleicher, Hans: „Familie und Recht". Kindschafts-, Jugendhilfe-, Jugendstraf-, Ehe- und Scheidungsrecht, Köln 1999, ISBN 3-933430-60-7

www.walhalla.de

Schoch, Dietrich: „Sozialhilfe". Einführung, Sozialleistungen, Verwaltungsverfahren, Sozialdatenschutz, Köln, Berlin, Bonn, München 1995, ISBN 3-452-23288-3

Tschernitschek, Horst: „Familienrecht". Studienbuch, München, Wien 1998, ISBN 3-486-24480-2

Über die zugelassenen Hilfsmittel entscheiden die PrüferInnen. Die Aufgaben in diesem Buch sind jedenfalls lösbar mit:

Gesetze für Sozialwesen. Loseblattsammlung, Walhalla Fachverlag, Regensburg 2001, ISBN 3-8029-8208-8

Beck Texte im DTV für die verschiedenen Rechtsgebiete

Düsseldorfer Tabelle/Berliner Tabelle/Thüringer Tabelle. Alle Tabellen sind zu finden im Netz unter www.famrz.de

Sozialhilfeberechnungsschema des Deutschen Vereins in Blätter der Wohlfahrtspflege 1998, 84

Im Netz finden sich Sozialhilfeberechnungsanleitungen z. B. unter www.forum-sozialhilfe.de oder www.fho-emden.de, (Soziale Arbeit und das Internet). Sie sind als Hilfsmittel aber nicht verwendbar, solange die Prüfungen nicht am PC geschrieben werden.

Stichwortverzeichnis

Stichwortverzeichnis